주식투자 필독서 40

40 Must-Reads for STOCK INVESTING

필독서 시리즈 | 28

가치 투자부터 인덱스 펀드까지,
세계 주식 명저 40권을 한 권에

주식투자 필독서 40

차영주 지음

센시오

추천의 말

주식투자에 꼭 필요한 책들을 알차게 추려 소개한 최적의 안내서

"Know what you own." '자신이 아는 것에 투자하라'는 피터 린치의 투자 철학이다. 그런데 정작 많은 투자자들은 어떻게 알고, 어떻게 공부를 시작해야 하는가 하는 장벽을 마주하게 된다. 주위에 각종 방송, 유튜브 등 다양한 플랫폼이 있지만 이를 통해 차분히 공부하기는 어렵다. 그러한 면을 고려해서 주식투자서들을 보게 되는데, 이 또한 커리큘럼을 어떻게 잡아야 할지 막막하다.

투자자들이 그러한 고민을 하고 있는 가운데, 투자자들이 꼭 읽어야 하는 핵심 책들을 모은 반가운 책이 나왔다. 게다가 각각 책들의 내용이 잘 정리되어 있다. 저자 차영주는 그동안 자신이 올바른 주식투자를 하기 위해 동분서주했던 경험을 다른 투자자들이 겪지 않았으면 한다는 생각으로 본서를 썼다고 한다. 평소 투자 교육 관련 다양한 노력을 기울이는 저자의 뜻이 필독서 목록에 잘 담겼다. 또한 투자자들이 이해하기 쉽게 카테고리별로 잘 정리되어 있어서, 투자자가 자신에게 맞는 책을 선정하는 과정에 많은 도움이 될 것이다. 워런 버핏부터 어려운 투자심리에 이르기까지, 다양한 필독서들이 투자자들의 수익률 개선이 분명 도움을 줄 것이라고 판단한다.

_ 김광석(유튜브 '경제 읽어주는 남자' 운영자, 한양대학교 교수)

차영주 작가는 30여 년 동안 금융투자업계에 종사한 경험을 바탕으로 지금은 경제 관련 방송과 언론사 기고 활동을 활발하게 하고 있다. 또한 투자자교육협의회가 주관하는 일반인 대상 생애 재무설계와 투자자 교육에도 대단한 열정을 가지고 임하고 있다. 그런 차 작가가 이번엔 일반인이 직접 투자상품을 선택할 때 우선적으로 알아야 할 필독서를 모아 책으로 발간한다니 여간 반가운 일이 아니다.

일반인들이 투자에 앞서 관련된 공부를 한다는 것은 결코 쉬운 일이 아니다. 국내외 경제의 흐름을 알기 위해 평상시에 경제와 관련된 신문을 읽는 등 부단한 노력을 기울여야 한다. 그러기 위해서는 처음부터 기본기를 잘 다지는 것이 무엇보다 중요하다. 그 기초를 닦는 데 우선 필독서를 활용해 볼 것을 권유하고 싶다. 필독서에는 비단 유명한 경제학자의 딱딱한 접근법이 아니라 실전 투자에 필요한 원칙, 차트 보는 법, 심리적인 안정성, 계좌 관리 등 실질적이고 알찬 내용이 모두 들어가야 한다. 이런 내용을 모두 아우른 본서는 일반인이 이해하기 쉽게 쓰여진 도서를 잘 선정해 일독할 수 있도록 구성되었다. 책의 발간을 다시 한 번 축하 드린다. _ 최갑수(금융투자협회 투자자교육협의회 연구위원)

주식투자를 하려는 목적은 수익을 내기 위함이다. 그렇다면 어떻게 해야 할까? 수많은 투자자가 다양한 방법을 이야기하고 있는데, 일반 투자자 입장에서는 어떤 말에 중점을 두어야 할지 중심을 잡기가 쉽지 않다. 재무적 가치가 중요하다는 말, 차트를 잘 봐야 한다는 의견, 결국 심리가 핵심이라는 견해 등 다양한 주장이 많기 때문이다. 이때 기준점은 진짜 큰 수익을 달성했거나, 오랜 시간 시장에서 올바른 지혜를 전달하고 있는 '고전'으로 평가받는 책을 골라서 참고하는 것이다. 그러나 이 또한 쉽지 않다. 워낙 많은 책이 주위에 있기 때문이다. 그런 환경에서 주식투자에 꼭 필요한 필독서만을 뽑아서 소개하는 내용의 책이 나와서 반갑다. 특히 단순히 인기 있는 책에 국한하지 않고 나름대로 오랜 경험을 통해서 시장의 판단으로 걸러낸 저자의 노력과 혜안이 돋보인다. 투자의 길을 찾고자 하는 투자자에게 강력히 권한다.

_ 이상식(유진투자증권 상무)

개인적 주식투자 노하우를 공유하는 책은 수없이 많다. 그러나 다른 이의 주식투자 전략을 소개하고 이를 통해 근원적인 투자 전략에 대한 시각을 제시하는 책은 거의 없다. 이런 측면에서 이 책의 가치가 드러난다. 경제학에서 환율과 함께 주식가격은 예측 불가능성을 가지는 변수로 잘 알려져 있다. 아무리 훌륭한 개인이더라도 시장을 이기기는 힘들기 때문일 것이다. 그러나 오랫동안 주식의 근원적 가치에 대해 고민한 전문가들의 혜안을 담은 다양한 필독서들을 통해 주식투자에 대한 집합적 사고를 하게 해 준다는 점에서 이 책의 존재 가치가 드러난다. 무엇보다 주식투자 관련서를 여럿 썼을 만큼 지식과 경험을 가진 저자가 본인을 낮추고 대신 다른 이들의 지혜를 엄선해서 소개하다니! 저자의 겸손함에 찬사를 보낸다. _허준영(서강대학교 경제학부 교수)

주식시장은 수많은 사람들이 저마다의 방식으로 움직이며 치열하게 경쟁하는 곳이다. 누구나 높은 수익을 내고 싶어 노력하지만, 정작 어디서부터 어떻게 시작해야 할지 몰라 막막해하는 경우가 많다. 투자에는 학교처럼 정해진 커리큘럼이 있는 것도 아니고, 제대로 된 방향을 잡는 데 어려움을 겪는 투자자들이 생각보다 많다.

그런 면에서 이 책은 정말 반가운 안내서다. 투자에 필요한 주요 분야들을 나누어 설명하고, 꼭 읽어야 할 책들을 체계적으로 소개하는 데 그치지 않고, 저자 본인의 해석과 통찰을 입혀 깊이를 더하고 있다. 단순한 필독서 리스트가 아니라, 왜 이 책들이 중요하며 어떤 관점으로 접근해야 할지 함께 짚어주는 점이 인상적이다. 투자는 단순한 정보나 지식만으로는 풀리지 않는 일이다. 다양한 관점과 입체적인 사고가 필요하고, 때로는 오랜 시행착오가 따라오기도 한다. 하지만 앞서 경험한 선배들의 지혜가 담긴 책들을 통해 자신만의 기준을 만들어가다 보면, 시행착오를 줄이면서도 투자 실력을 효율적으로 끌어올릴 수 있다고 생각한다.

이 책은 이제 막 투자를 시작한 분들에겐 든든한 이정표가 되어줄 것이고, 어느 정도 경험을 쌓은 분들에겐 지식의 빈틈을 채워주는 유용한 나침반이 될 것이다. 많은 투자자가 정보의 홍수 속에서 길을 잃고 있는 지금, 저자의 진심 어린 노력에 고마운 마음을 전하며 이 책을 자신 있게 추천 드린다.

_ 김기연(IBK증권 전무)

경제를 주로 다루는 기자이다 보니 주변에서 조언을 구하는 분들이 많다. 주로 어떤 종목에 투자해야 돈을 벌 수 있느냐는 물음이다. 역시 자본주의의 꽃은 주식시장이다. 실제로 팬데믹을 거치면서 개인 투자자가 폭발적으로 늘어났다. 하지만 투자 행태는 과거와 크게 달라 보이지 않는다. 여전히 도박과 다를 바 없는 투기에 집중하고, 일확천금의 환상에 빠져 있다. 결과는 말하지 않아도 다들 잘 아실 것이다.

개인 투자자가 자본 시장에서 고전하는 배경은 크게는 세 가지다. 정보의 부족, 자본의 부족, 지식의 부족이다. 물론 이중 극복할 수 없는 부분은 분명히 존재한다. 개인이 아무리 노력해도 기관이나 외국인과 비교한다면 정보과 자본 측면의 차이를 좁힐 수 없다. 결국 개인 투자자가 시장에서 이길 방법은 지식밖에 없는 것이다.

그러나 아쉽게도 개인 투자자 가운데 상당수는 지식의 중요성을 간과하고 있다. 심지어 본인이 투자하는 기업의 재무 정보조차 모르는 경우도 어렵지 않게 찾아볼 수 있을 정도다. 《사랑의 기술》에서 오비디우스는 '생각하는 사랑을 하라.'라고 조언한다. 투자도 비슷하다. 아니, 어쩌면 더할지도 모른다. 자본주의 사회에서 무엇보다 중요한 돈을 다루는 기술이기 때문이다. 그렇다고 개인이 모든 요소를 다 생각하고 공부하라는 건 무리한 요구일지 모른다. 주린이라면 당장 무엇을 공부해야 하는지조차도 감을 잡기 어렵다. 그러기에 이 책은 개인 투자자에게 더 중요해 보인다. 개인 투자자가 시장에서 승리할 유일한 요소는 지식일지도 모르기 때문이다. 이 책을 통해서 '생각하는 투자'를 하는 계기가 되길 기원한다.

_ 조태현(YTN 경제부 기자, '조태현의 생생경제' 진행자)

첫사랑에 실패하는 이유는 경험이 부족해서라는 말이 있다. 투자도 마찬가지다. 투자 관련 서적을 여러 권 읽고 나서 투자하면 돈을 벌 수 있을까? 물론 쉽지 않은 일이다. 투자에서는 손실의 경험과 실전 노하우를 통해서만 자신만의 길이 만들어지기 때문이다. 그렇다고 해서 투자에 관한 책이나 기본적인 분석법을 배우지 않고 투자한다면 어떻게 될까? 답할 필요도 없다. 손실과 괴로움, 후회만이 돌아올 것이다. 투자자는 공부를 해야 한다. 시공간을 넘어서 투자의 스승들에게서 배울 수 있는 가장 쉬운 방법은 책을 읽는 것이다. 소위 거인의 어깨에 올라서 세상을 볼 수 있는 길이 여기에 있다. 투자자가 꼭 읽어야 할 책 40권을 차영주 소장이 친절하게 묶어서 내놓았다. 나도 투자 관련 서적을 꽤 읽었지만, 모르는 책과 저자도 눈에 띈다. 40권의 책이 담긴 만큼, 여러분의 투자 인생 40년에 좋은 길잡이가 될 것을 확신한다.

_ 예민수(머니투데이 앵커, 경영학 박사)

저자의 말

당신의 성공적 투자를
응원하는 마음을 담아

투자의 고비마다 나를 잡아준 책들

출판사로부터 이 책에 대한 집필 제안을 받고, 나의 주식투자 인생에 힘이 되고 자양분이 되었던 책들을 추리는 과정에서 많은 생각을 하게 되었습니다. '주식투자 필독서'를 고른다는 생각으로 서가에 꽂힌 수많은 책을 둘러보면서 그들과 처음 만났을 때를 돌이켜보다 보니, 저절로 투자의 세계에서 제가 맞닥뜨린 여러 경험과 고민이 떠오르더군요.

　대학을 졸업하고 처음 증권업계에 뛰어들어 좌충우돌하며 신선한 충격을 받던 기억, 주요 지점에서 여러 핵심 고객의 자산을 관리하며 이른바 스타 PB로 인정받던 시절의 추억, 현업에서 나와서 컨

설턴트이자 연구소장으로서 방송 출연이나 강연 등을 통해 시시각각 변화하는 증시의 한복판에서 다양한 고민과 과제에 직면한 개인투자자들에게 여러 조언을 건네며 바쁜 나날을 보내고 있는 요즘…. 저에게 주식투자는 인생을 알게 해준 동반자이며 실패와 성공이 점철된 애증의 대상이자 궁극적으로 아름답게 꽃피워야 할 예술의 경지로 다가왔습니다. 이 책을 집을 만큼 이 세계에 깊이 빠질 준비가 된 독자 여러분 역시, 그런 경험을 충실히 하시길 바라는 마음으로 필독서 한 권 한 권을 심사숙고해서 골랐습니다.

주식투자는 일종의 종합 예술

필독서의 앞부분에서 소개할 '주식투자 고전古典'에 속하는 책들을 쓴 위대한 투자자들, 벤저민 그레이엄이나 피터 린치, 앙드레 코스톨라니, 워런 버핏을 위시로 역사상 최고의 투자자들은 한결같이 주식투자를 일컬어 하나의 '예술art'이라고 강조합니다. 과학이나 기술, 기법이 아니라 예술이라고 표현하는 데는 다 이유가 있습니다.

주식투자를 잘하기 위해서는 물론 재무적 수치나 각종 지표, 경제 사이클과 트렌드에 관한 명확한 분석 등이 바탕이 되어야 합니다. 기업을 경영하듯 그들의 지분인 주식의 가치를 제대로 평가하고 오랜 세월 공을 들여 함께 키우며 동행하는 '가치투자'에 대한 철학도 제대로 정립되어야 합니다. 속속 도입되는 투자 관련 제도에 대해 숙지하고 ETF나 인덱스펀드, 파생상품 등에 대한 제반 지식도 갖추어야 하고 환율, 무역, 국제정세 등에 대해서도 촉각을 곤두세워야 합니다. 무엇보다 돈과 욕망을 둘러싼 사람들의 심리와 그것을 움직이고 조종하려는 여러 소음이 일으키는 작용에 대해서 포착하고, 때로는 물결을 거슬러 역발상의 미학을 발휘해야 합니다. 그중에서도 백미는 아마도 바로 투자의 순간마다 요동치는 '나의 마음'을 제대로 들여다보고 잘 컨트롤 하는 것일 것입니다. 이렇듯 수치, 과학, 기술을 포괄하는 총체적 지휘가 가능해질 때 비로소 성공적 투자로 이어질 수 있습니다. 그러기에 주식투자는 종합 예술이라는 생각을 지울 수 없는 것입니다.

투자의 동반자가 될 책들을 신중하게 고르자

수많은 투자의 선배들은 '준비 없는 투자야말로 투기에 불과하다.'라고 강조합니다. 저 역시 그 말은 몇 번이고 강조해도 지나치지 않다고 생각합니다. 투자할 대상에 관해서 공부하는 것도 중요합니다. 그러나 투자의 원리와 기초적 지식을 습득함으로써 강인한 체력을 만드는 일이야말로 정말 필요한 일이라고 생각합니다. 그에 가장 도움이 되는 것이 바로 필독서 탐독입니다.

저 역시 투자의 길에서 방향을 잃거나 원칙이 흔들려 방황할 때마다 다잡아준 책들 덕에 큰 도움을 받을 수 있었습니다. 40권의 책만을 추리기에 아쉬움도 남지만, 여기 소개하는 책들이야말로 저의 투자 세계를 함께 만들어준 동반자들이라고 해도 과언이 아닙니다. 시대와 상황을 뛰어넘어서 언제나 변하지 않을 진리를 알려주며, 내가 미처 보지 못했던 빈틈을 채워주고 먼저 맛보고 실패한 처절한 경험을 통해 내가 밟을지 모를 전철을 미리 일깨워줍니다. 이 책들과 함께 울고 웃으며 저의 투자 체력은 한껏 자라날 수 있었습니다.

피터 린치의 책을 소개하면서, 저는 '복제할 수 있는 뛰어난 전략이 존재하는가?', 그리고 '시대를 관통하는 인사이트가 담겨 있는가?' 하는 점을 좋은 교과서의 핵심 요소로 꼽았습니다. 여기 소개하는 필독서들은 모두 그런 미덕을 갖춘 책들입니다. 저마다의 강점과 쓰임새는 책에 대한 안내를 숙독한 다음 각자의 필요에 맞게 적용할 수 있을 것입니다. 필독서에 대한 숙지가 끝났다면, 자신에게 맞는 책을 골라 더 깊은 독서와 그를 통한 공부로 이어가시기를 바랍니다.

주식투자에 도움이 되는 책 읽기

주식투자를 하려는 이들 거의 대다수는 관련 공부를 하려고 해도 무엇부터 어떻게 접해야 할지 정해진 커리큘럼이 없다는 데 어려움을 겪습니다. 투자와 관련해서 알아야 할 것도, 해야 할 일도 엄청나게 많다는 막연한 압박감이야말로 섣불리 방향을 잡기 어렵게 만듭니다.

그래서 혹자는 '주식투자'라는 검색어로 가장 쉽게 접할 수 있는 유명 인사들의 책을 가리지 않고 무턱대고 읽기도 합니다. 다다익선이라는 심정으로 스펀지처럼 모든 정보를 빨아들이려 애씁니다. 그러나 어느새 그 방법이 별로 효율적이지 않다는 것을 느낍니다. 추천받은 책을 한두 권 읽을 때는 호기롭게 읽히지만, 서너 권이 넘어가면 상황이 달라지고 맙니다. 책에 따라서 '이 말 다르고 저 말 다르다'라는 미묘한 갈등 같은 것을 느끼기도 하고 때로 일관된 원칙이 부족해 줏대 없이 흔들린다는 생각이 들기도 합니다. 그래서 자칫 책으로 주식투자를 공부한다는 것이 부질없는 짓은 아닌가 회의하는 시기가 오기도 합니다.

출판사의 기획은 바로 이런 고민에서부터 출발했으며 저 역시 크게 공감했습니다. 주식투자를 위해 필수적으로 공부해야 할 내용을 카테고리별로 구분하고, 그에 따라 적절한 책을 선정했습니다. 중언부언하는 조언에 그치지 않고 핵심적인 정보에 집중하되, 주식투자의 기초가 될 원칙과 중심은 잃지 않도록 균형 잡힌 책들을 골랐습니다. 주식투자를 처음 시작하기 위해 공부하는 초보 투자자에서부터 어느 정도 경륜이 쌓였지만 미비한 부분을 채우고자 하는 경력 투자자까지, 모두에게 필요한 커리큘럼에 따라 책을 읽는다면 주식시장에 대한 폭넓은 시야뿐 아니라 저마다의 개성과 특징에 맞는 투자법과 자기관리 전략을 배울 수 있을 것입니다.

따로 또 같이, 투자의 길을 알려주는 가이드

입문자 중 상당수는 주식투자 관련 책을 너덧 권 정도 읽다가 제풀에 지치는 경우가 많습니다. 이른바 요즘 주목받는 베스트셀러 위주로 고른 책을 접하다 보면 저자마다 주장하는 바가 다르고 투자관도 달라서 혼란을 주기도 합니다. 매우 안타까운 현상이 아닐 수 없습니다. 이른바 고전에 속하는 책들을 두루 읽고 그 안에서 자기만의 노하우를 찾아낼 수 있다면 좋겠지만, 방대한 분량과 두터운 저자의 층위 때문에 어려움을 겪는 경우도 많습니다.

  올바른 투자자가 되려고 한다면, 최소한 10권 이상 깊이 있게 책들을 접할 것을 권합니다. 이는 매우 중요한 인사이트로, 대여섯 권을 넘어서는 순간 이전에는 제각기 동떨어진 이야기로 들렸던 산발적인 저자들의 주장 속에서 어느새 '하나의 이야기를 저마다 다르게 표현하고 있구나.'라는 깨달음을 얻게 될 것이기 때문입니다. 이 단계를 넘어서면 어떤 책을 읽든지 내용이 입체적으로 펼쳐지면서 그 안에 담긴 기본 분석, 기술적 분석, 계좌 관리에서부터 심리 케어에 이르기까지 모든 내용을 통합적으로 아우를 수 있게 됩니다.

이 책은 그런 발견까지 나아가는 독자 여러분의 수고를 덜어드릴 것입니다. 필독서를 관통하는 인사이트를 종합적으로 정리하면서, 책들이 제시하는 저마다의 독특한 시선까지 일별할 수 있도록 안내하기 때문입니다. 모쪼록 이 책을 길잡이 삼아서, 성공적인 주식투자로 나아가기 위해 좋은 책과 동행하는 계기가 되기를 바랍니다.

Contents

|추천의 말| 주식투자에 꼭 필요한 책들을 알차게 추려 소개한 최적의 안내서 **004**
|저자의 말| 당신의 성공적 투자를 응원하는 마음을 담아 **010**

Chapter 1.
주식투자 클래식 CLASSIC BOOKS
_투자의 철학이 담긴 고전들

BOOK 1. 《전설로 떠나는 월가의 영웅》 피터 린치	**022**
BOOK 2. 《벤저민 그레이엄의 현명한 투자자》 스티그 브로더슨	**032**
BOOK 3. 《돈, 뜨겁게 사랑하고 차갑게 다루어라》 앙드레 코스톨라니	**040**
BOOK 4. 《워런 버핏의 주주 서한》 워런 버핏	**047**
BOOK 5. 《소로스 투자 특강》 조지 소로스	**054**

Chapter 2.
주식투자 개론서 INTRODUCTORY BOOKS
_투자의 길을 열어주는 친절한 입문서들

BOOK 6. 《현명한 초보 투자자》 야마구치 요헤이	**060**
BOOK 7. 《가치투자 처음공부》 이성수	**066**
BOOK 8. 《주식시장을 이기는 작은 책》 조엘 그린블라트	**073**
BOOK 9. 《워런 버핏처럼 가치평가 활용하는 법》 존 프라이스	**081**
BOOK 10. 《경제적 해자》 팻 도시	**087**

Chapter 3
성공하는 투자전략서 STRATEGIC BOOKS
_상황과 조건에 적합한 투자전략

BOOK 11. 《내러티브 앤 넘버스》 어스워스 다모다란	094
BOOK 12. 《투자의 기술》 김준송	099
BOOK 13. 《내 돈을 지키는 안전한 투자법》 마이클 에들슨	105
BOOK 14. 《모든 주식을 소유하라》 존 보글	111
BOOK 15. 《나는 ETF로 돈 되는 곳에 투자한다》 김수정	118
BOOK 16. 《뉴욕주민의 진짜 미국식 주식투자》 뉴욕주민	125
BOOK 17. 《매주 달러 받는 배당주 통장》 장우석	130
BOOK 18. 《주식 고수들이 더 좋아하는 대체투자》 조영민	136

Chapter 4
주식투자 산업·종목 분석서 ANALYTIC BOOKS
_어떤 유망산업, 유망종목에 투자할 것인가?

BOOK 19. 《작지만 강한 기업에 투자하라》 랄프 웬저	142
BOOK 20. 《줄루 주식투자법》 짐 슬레이터	147
BOOK 21. 《슈퍼 스톡스》 켄 피셔	152
BOOK 22. 《돈은 빅테크로 흐른다》 애덤 시셀	157
BOOK 23. 《40일간의 산업일주》 남혁진	162
BOOK 24. 《재무제표 투자의 힘》 차영주	167
BOOK 25. 《기업경영에 숨겨진 101가지 진실》 김수헌	174
BOOK 26. 《주식 해부학》 배문호	179

BOOK 27. 《주식투자, 전자공시로 끝장내기》 윤킴 — 184
BOOK 28. 《주식 고수들만 아는 애널리스트 리포트 200% 활용법》 김대욱 — 190

Chapter 5
주식 매매 실전서 TRADING BOOKS
_차트를 읽고 매매의 타이밍을 잡는 법

BOOK 29. 《최고의 주식 최적의 타이밍》 윌리엄 J. 오닐 — 198
BOOK 30. 《차트 패턴》 토마스 N. 불코우스키 — 205
BOOK 31. 《나는 주식투자로 250만불을 벌었다》 니콜라스 다비스 — 211
BOOK 32. 《주식시장의 마법사들》 잭 슈웨거 — 218
BOOK 33. 《쩐의 흐름을 타라》 미녀53 — 223
BOOK 34. 《거래량으로 투자하라》 버프 도르마이어 — 230
BOOK 35. 《언제 매도할 것인가?》 알렉산더 엘더 — 235

Chapter 6
주식투자 심리서 MENTAL-CARE BOOKS
_마음을 다스리고 투자에 강해지는 심리 관리서

BOOK 36. 《소음과 투자》 리처드 번스타인 — 242
BOOK 37. 《주식투자의 지혜》 천장팅 — 248
BOOK 38. 《주식의 신 100 법칙》 이시이 카츠토시 — 256
BOOK 39. 《데이비드 드레먼의 역발상 투자》 데이비드 드레먼 — 263
BOOK 40. 《살려주식시오》 박종석 — 268

40 Must-Reads for
STOCK
INVESTING

CLASSIC BOOKS

Chapter 1

주식투자 클래식
_투자의 철학이 담긴 고전들

투자세계에 처음 들어서거나, 어느 정도 투자를 진행하던 중에 초심을 잃었거나 중심이 흔들렸을 때 다잡아줄 수 있는 전설적인 멘토들의 책들을 소개한다. 우리는 이들 필독서에서 투자에 임하는 기본자세에서부터 생생한 경험을 통한 영감과 교훈을 얻을 수 있다.

BOOK.1

전설로 떠나는 월가의 영웅

《One Up on Wall Street》

피터 린치(Peter Lynch) 외 | 이건 옮김 | 국일증권경제연구소

13년 동안 한 해의 손실 없이
660배의 성장을 일군
월가의 전설적 영웅으로부터 배우는
투자의 기본기

Why this Book?

#개인투자자를 위한 진실한 조언 #생동감 넘치는 투자 스토리
#탁월한 유머감각과 시대정신 #냉철한 투자 지침
#월가의 현실에 대한 풍자 #뛰어난 투자자가 갖춰야 할 덕목

KEY INTRODUCTION
한국 투자자들의 필독서 넘버원

한국 주식투자자 사이에 필독서로 확실히 자리매김한 책이다. 마젤란펀드의 피터 린치(Peter Lynch, 1944~)가 꾸준히 높은 수익률을 달성한 경험, 그리고 누구든 실전매매에서 손쉽게 따라 할 수 있는 내용이 잘 풀어져 있다.

수많은 투자서 중 고전으로 분류될 만한 책은 그리 많지 않은데, 그 여부는 첫째, 매매법을 따라 할 수 있느냐(복제 가능성), 둘째, 시대를 관통한 인사이트가 담겨 있느냐(깊이 있는 영감)에 달려 있다. 이 책은 두 가지 면에서 모두 고전으로 불리는 데 전혀 손색이 없다.

READING POINT
돈 버는 지식은 이미 당신 안에 있다!

투자자들 두려움을 느끼는 이유는 투자를 잘하기 위해 기업을 어떻게 분석하고 구체적으로 얼마를 투자해야 하며, 또 많은 대가들이 이야기하는 손절매는 어떻게 해야 하는지에 대한 여러 가지 고민이 생기기 때문이다.

그중 가장 큰 고민은 바로 '어떤 기업의 주식을 살까?'인데, 숱한 종목 중에서 무엇을 사느냐에 따라 수익률이 결정되기 때문이다. 그렇다고 주위에서 이야기하는 종목을 무작정 산다는 것은 께름칙하다.

 피터 린치는 이 책에서 투자자의 고민을 꿰뚫는 해법을 제시한다. 우리가 매일 먹으며 어느 순간 글로벌 입맛까지 사로잡은 식품을 만드는 기업, 매일 쓰면서 효능에 만족하는 화장품 기업, 지구 온난화와 더불어 떠오르는 신재생 에너지 분야의 선두 기업, 요즘 SNS에 언급되며 사람들이 밤새워 즐기는 드라마나 게임을 만드는 기업…. 누구든 자신의 주변에서 투자의 힌트를 얻을 수 있다. 그는 우리 일상의 경험으로부터 투자 아이디어를 얻어야 한다는 교훈을 일찌감치 이야기했다.

당신의 주식투자는
투자인가, 도박인가?

저자는 우선 투자와 투기(도박)에 대한 확고한 기준을 제시하고 있다. 그는 증권가의 흔한 상식과는 달리 '우량주 장기투자는 안전하다'라는 생각은 때로 상당히 위험한데, 역사적으로 보면 가장 위험한 시점에 오히려 신중한 투자로 인정받는 경향이 있다면서 이를 다른 말로 하면 좋은 기업을 비싸게 사는 것을 절대적으로 피해야 한다고 강조하고 있다.

그는 무분별하게 주식투자에 뛰어들어서는 안 되기 때문에 주식투자 전에 다음과 같은 자기점검표로 점검을 권하고 있다. 질문에 대해 투자자 각자가 어떻게 답을 하는가가 〈월스트리트저널〉 기사를 읽는 것보다 훨씬 중요하다고 강조하고 있다.

① 내 집이 있는가?

집이 있다는 것은 꾸준히 오르는 주택가격을 고려할 때 다양한 투자의 대안이 될 수 있다는 것을 의미한다. 다시 말해 집을 먼저 사는 것이 중요하다.

② 나는 돈이 필요한가?

짧은 장래에 필요한 돈으로 투자하는 것은 재고해야 한다. 주식투자로 얼마간 손실을 보더라도 일상생활에 영향을 받지 않을 수준에서 투자해야 한다는 기본 명제를 절대 잊어서는 안 된다.

③ 나는 주식투자로 성공할 자질이 있는가?

투자와 관련된 각종 데이터를 과학적으로만 판단하는 사고방식으로 주식투자를 해서는 안 되며, 오히려 '완벽한 정보가 없는 상태에서 판단을 내리는 능력'이 투자자에게 더 중요하다.

이런 이야기가 당혹스럽게 느껴질 수도 있다. 투자자 중에는 당장 쓸 돈이 부족해서 혹은 집을 사기 위해 투자하는 이들도 있기 때문이다. 또한 데이터에 입각한 냉철한 기업 분석을 방해하는 인간 심리를 제거하고자 꾸준히 노력하는 투자자들도 많다.

그래서 피터 린치가 주식투자를 'Art'라고 표현하고 있다는 것에 주목해야 한다. 번역서이다 보니 시간의 흐름에 따라 원문의 Art를 판본이 바뀔 때마다 '기술'→'예술'→'Art'로 번역 또한 바뀌었다는 것도 재미있는 사실이다. 이렇듯 'Art'는 기술이나 예술 등 하나의 단어로 규정하기 어려운 개념으로 직관적으로 이해하는 것이 필요하다.

피터 린치 자신은 마젤란펀드를 운용한 훌륭한 펀드매니저였지만, 개인투자자도 자신에게 유리한 부분을 받아들이고 잘 활용한다면 훌륭한 투자 성과를 낼 수 있다고 이야기하고 있고, 그러기 위해서는 스스로 투자하기로 결심하고 혼자 힘으로 투자를 결정해야 한다는 점을 강조한다.

지금 시장이 좋은지 나쁜지 묻지 마라

피터 린치가 책에서 소개한 사례들은 이미 수십 년이 흘렀지만, 그가 말하고자 하는 상황은 지금도 여전히 반복되고 있다. 대표적으로 투자자들은 항상 시장과 종목에 대해 누군가의 질문을 한다는 것이다.

시장이 좋은지 나쁜지, 특정 종목이 오를지 아닐지를 다른 사람들의 평가에 맡기려 한다는 것이다. 하지만 누구도 시장을 정확하게 예상할 수 없다.

이에 저자는 피터 린치 자신이 매수한 종목을 다른 사람들이 주목할 것이 아니라, 오히려 무시하라고 강조한다.

그 이유는 첫째, 피터 린치가 틀렸을지 모른다. 둘째, 피터 린치가 언제 마음을 바꿔 매도할지 모른다. 셋째, 모든 투자자의 주변에는 좋은 정보가 널려 있으므로 저마다 그것을 잘 활용하면 된다는 것이다.

한편, 투자자는 바로 직전에 경험한 것을 바탕으로 향후 전개될 상황을 대비하려는 심리적 경향성을 경계해야 한다. 사람은 심리적으로 최근 사건에 제대로 대비하지 못했다는 자책감을 만회하기 위해 그 점에만 특별히 신경 써서 대처함으로써 보상을 받으려고 하는데, 매매에는 몇 가지 단순한 기준뿐 아니라 매우 입체적이고 종합적인 고려를 해야 하기 때문이다.

10루타 종목을 찾아라

요즘 투자자 사이에는 이른바 10루타tenbagger 종목이라는 개념이 익숙하다. 이는 바로 피터 린치로부터 시작되었다. 그는 아무리 평범한 사람이라도 10루타가 될 기업을 1년에 두세 번은 마주치게 된다고 말한다. 업무나 일상에서 마주하는 기업들의 긍정적인 변화를 잘 살피면 좋은 투자 기회를 찾을 수 있다.

그런데도 많은 투자자가 자신과 무관한, 심지어 잘 알지도 못하는 기업에 투자하는 경향이 있다. 뉴스나 전문가의 조언 등에 의존해 투자하기 때문이다. '특효 신약'을 만든 제약사 주식을 해당 신약을 처방하는 의사들이 아닌 정유회사 임원들이 사고, '업계의 인수 소식'을 꿰고 있는 정유업계 종사자들이 아닌 의사들이 정유주를 사는 아이러니한 현실이 그러하다.

즉 일을 하면서 직접 경험과 노하우를 쌓는 개인투자자 쪽이 수천 개의 종목을 살펴야 하는 증권분석가보다 훨씬 민첩하며 유리하다. 개인은 자기 업계의 전반적인 재고 증가, 주문 급증 같은 미묘한 변화를 빠르게 감지할 수 있다. 이는 기업 내부의 민감한 정보를 이용한 내부자 거래와는 다르다. 누구나 자기가 미묘한 변화를 감지할 수 있는 분야가 있는데 엉뚱한 분야에서 누구나 아는 정보를 찾느라 애쓸 필요가 없다.

주식을 사기 전에
꼭 확인해야 하는 사항들

비행기표 하나를 살 때도 한 푼이라도 아끼려고 애쓰던 사람이 주식을 살 때에는 채 5분도 쓰지 않는다는 게 이상하지 않은가? 마치 패도 보지 않고 포커를 치는 것과 다름없다고 저자는 이야기하고 있다.

만약 특정 제품 때문에 해당 종목에 주목하게 되었다면, 그 특정 제품의 판매 증가가 기업의 이익에 기여하는 비중을 반드시 체크해야 한다. 만약 생각보다 그로 인한 이익 증가가 크지 않다면 잘못된 투자가 될 수 있다. 대기업일수록 특정 제품이 매출에서 차지하는 비중이 작으므로, 주가가 드라마틱하게 움직이지 않는다는 점도 중요하다.

이익 증가는 대형주보다 소형주에서 나오는 경우가 더 많다는 사실은 투자에 매우 유익한 정보다. 10루타 종목을 효과적으로 찾고 싶다면, 다음 6가지 유형의 기업 특징을 파악할 필요가 있다.

① 저성장주(느린 성장) : 더 이상 활발한 성장이 일어나지 않는 기업으로 과거에는 고성장했지만, 이제는 더 이상 성장 모델이 작용하지 않는 상태. 이들 종목은 단순히 '배당 매력도'에 따라 투자를 결정하는 것이 좋다.

② 대형 우량주(중간 성장) : '어느 시점에 매수하느냐'에 따라 수익

이 결정된다. 1~2년 사이에 50% 정도 올랐다면 충분히 오른 것인지 점검한 다음 소형주보다 더 민첩하게 매도해야 한다.

③ 고성장주(슈퍼 고성장) : 연 20% 이상 성장하는 기업으로 이는 업종과 무관하다. 피터 린치 역시 자신이 가장 좋아하는 주식이지만, '투자 위험도'가 높다고 이야기하고 있다. 어떤 기업도 영원히 고성장을 유지할 수 없다. 고성장주일수록 성장세가 꺾였을 때 시장의 반응은 더 차갑게 식어버리고, 곧 가파른 주가 하락으로 이어진다. 따라서 고성장주에 대한 투자는 '성장이 멈추는 시점'과 '성장에 대해 지불해야 하는 대가'를 비교·분석해 이뤄져야 한다.

④ 경기 순환주 : 회사의 매출과 이익이 반복적으로 '확장·수축'하는 특징을 보인다. 대기업이나 유명 기업이 많아 '믿음직한 대형 우량주'와 혼동하기 쉽다. 따라서 무턱대고 안전하다고 믿고 투자해선 안 된다. '매수 시점'이 매우 중요한데, 경기의 상승이나 하강 신호를 잘 포착해야만 한다.

⑤ 회생주 : 이들은 시장 상황과 무관하게 움직인다. '인내심과 냉정함'을 가지고 기업 뉴스를 잘 파악하면 좋은 시점을 잡을 수도 있다.

⑥ 자산주 : 증권가는 모르지만 투자자가 알고 있는 값어치 있는 자산을 보유한 기업이다. 부동산, 현금뿐 아니라 시추권, 채굴권, 영업권, 특허권, 가입자 등의 무형자산까지 포괄한다.

상식을 뛰어넘는
피터 린치만의 독특한 투자 철학

'2년 보유 후 매도하라', '10% 하락하면 손절매하라', '두 배 오르면 팔라' 같은 일반 격언에 사로잡혀 전략을 세우지 마라. 모든 주식에 골고루 적용되는 보편 공식 따위는 없기 때문이다.

책에는 '투자에 적합한 완벽한 기업이 보유한 13가지 속성', '내가 절대로 피하는 주식', '주식투자에서 가장 어리석고 위험한 12가지 생각', '기업 이익과 차트와의 관계', 'PER Price-Earnings Ratio, 주가이익배수 분석, 정보 수집법, 중요한 숫자들을 파악하는 법'. '매매의 최적 시점' 등에 관해서도 비교적 친절하고 상세히 나와 있다. 훌륭한 영감이 담긴 고전이면서, 동시에 지금 투자자에게 필요한 정보를 담은 정보서이기도 하다.

BOOK.2
벤저민 그레이엄의 현명한 투자자

《The Intelligent Investor》

스티그 브로더슨(Stig Brodersen) 외 | 이건 옮김 | 에프엔미디어

주식투자의 영원한 스승,
벤저민 그레이엄의
사상과 가르침의
정수만을 담은 한 권의 책

Why this Book?

#현명한 투자자의 핵심 요약판 #가치투자의 고전
#초보자를 위한 투자전략 #마음 편한 투자
#방어적 투자와 공격적 투자 #안전마진과 포트폴리오

KEY INTRODUCTION

가치투자의 방법론을 다룬 최초의 책

가치투자자에게 벤저민 그레이엄의 위상은 매우 높다. 그는 자신의 책《현명한 투자자》에서 기업의 가치를 평가하여 투자하는 방법을 제시함으로써 현대 투자법의 발전을 모색했다. 그러나 원전은 너무 방대해서 많은 시간과 노력을 투자하지 않으면 읽기가 쉽지 않다. 그래서 원전을 전부 정독한 투자자는 그리 많지 않을 것이다. 시간이 부족한 독자에게 이 요약본이 도움이 되는데, 책의 정수만을 담아내고자 한 저자의 노력이 돋보인다.

READING POINT

투자 분석의 아버지로부터 배우는 투자법

인류가 세상에 모습을 드러냈을 때부터 음악은 우리 곁에 있었지만, 우리는 바흐를 '음악의 아버지'라고 부른다. 주식투자도 1600년대부터 시작되었지만, 우리는 벤저민 그레이엄(Benjamin Graham, 1894~1976년)을 '투자 분석의 시초'라고 부른다. 현재 우리가 접하는 주식투자의 분석 틀이 그에 의해 구체화했고, 이를 바탕으로 그 후 비약적으로 발전하고 있다.

그렇다면 이전의 투자는 어떻게 이루어졌을까? 찰스 다우Charles Dow가 '다우지수'를 만들어서 시장의 움직임을 파악하는 나름의 기준점을 제시했지만, 투자는 여전히(지금도 비슷하지만) 시장의 풍문에 따라 움직였다. 이에 벤저민 그레이엄은《증권 분석Security Analysis》을 집필해서 기업의 가치를 측정하는 방법을 제시했고, 이후 '현명한 투자자'를 통해서 가치투자의 모델을 구체적으로 제시했다.

벤저민 그레이엄의 기업가치 분석법은 투자에 대한 관점을 완전히 바꾸는 계기가 되었다. 기업가치를 일정하게 측정할 수 있게 되면서 비로소 가치와 주가 사이의 괴리를 이용한 '가치투자'라는 개념이 탄생하게 되었다.

이후 측정된 기업가치를 기준점으로 해서 가치가 증가하는 기업과 동행하자는 워런 버핏, 기업가치와 시장 사이에 발생하는 괴리를 활용한 피터 린치가 등장했다. 또한 가치와 주가의 관계를 '산책하는 강아지'에 비유한 코스톨라니의 투자법이 나왔다. 이만큼 주식투자의 역사에서 벤저민 그레이엄의 위치는 확고부동하다.

투자와 투기를 엄격히 구분하고 절제된 투자를 하라

"투자란 철저한 분석을 통해 원금을 안전하게 지키면서도 만족스러운 수익을 확보하는 것이다. 그렇지 않으면 투기다." 그는 이렇게 정의하고 있다. 그런데도 투자자는 시장이 붕괴해서 주식이 매력적인 가격이 되었을 때 오히려 시장을 투기적이고 위험하다고 여기고, 반대로 시장이 상승해서 위험한 수준이 되었을 때는 정작 투기를 하면서 투자라 착각한다고 지적하면서, 이것이 바로 투기이며 무모한 투자라고 이야기하고 있다.

투자는 인플레이션 헷지 수단이 되기 어려울 때가 많다

벤저민 그레이엄은 일부 투자자들이 투자를 '인플레이션 헷지hedge 수단'으로 설명하는 것에 대해 불확실한 전략이라고 반론을 제기한다. 물론 시대 상황, 즉 기업의 이익 개선 속도와 금리의 관계에 따라 양상이 다를 순 있으나 투자를 단순히 '인플레이션 헷지 수단'으로 봐서는 안 된다는 것이다. 투자가 항상 시중금리 이상의 성공을 거둔다는 보장은 없다는 것이다. 특히 자산 포트폴리오로 생계를 해결하려는 사람에게 뜻밖의 상황, 즉 주가 하락이라는 변수가 발생하면 헷지라는 의미는 상실되고 말기 때문이다. 따라서 절박한 투자자일수록 위험을 최소화해야 한다는 점을 분명히 하고 있다.

이는 매우 중요한 인사이트로 생계에 쓰여야 하는 돈은 쓰임에

'시간'이 정해져 있지만, 자산시장의 움직임은 그와 무관하다. 아무리 투자를 잘 해왔어도 정작 돈을 써야 하는 시기에 서브프라임이나 팬데믹 같은 변수로 시장이 무너지면 그간의 투자는 무용지물이 되고 만다.

당신은 방어형 투자자인가, 공격형 투자자인가?

벤저민 그레이엄은 투자자 성향에 따라 두 가지 방식을 구분해 제시한다(그가 오직 한 가지 투자 방법만 있다고 하지 않는다는 사실도 중요하다).

방어형 투자자는 재무구조가 건전한 대형 우량주 중에서 20년 이상 배당금을 지급한 주식 10~30종목에 적절하게 분산투자를 해야 한다. 이때 PER 20배 이하라는 기준도 필요하다. PER이 높은 성장주는 방어형 투자자에게는 위험하며, 이들에게는 현재 소외된 대형주가 더 유리하다.

공격형 투자자라 해도 다시 소극적 투자와 적극적인 투자로 나뉜다. 공격형 투자자 중 소극적 투자는 고수익이 예상되는 불량 등급 채권과 우선주의 가격이 현저히 떨어졌을 때만 매수하고, 신규 종목이나 최근 실적이 뛰어난 주식은 피해야 한다고 조언한다. 여전히 어느 정도 방어적인 투자 양태다.

공격적인 투자자 중에서 적극적인 투자는 비로소 매우 싼 종목을 발굴하려 신중하게 노력하면서, 이후 싸게 사서 비싸게 매도하는 전략을 취해야 한다. 특히 특수사항, 즉 외부적인 요인으로 일시적인 주가 하락이 생겨난 상황을 활용해 매수하는 것이 좋은데, 달리 말하면 우리가 지금 일반적인 투자법이라고 생각하는 방식을 벤저민 그레이엄은 '공격형 투자자의 적극적 투자법'이라고 이야기하고 있다는 사실에 주목할 필요가 있다. 투자의 위험성을 그만큼 강조한 것이다.

한편 성장주는 실적 전망이 밝은 만큼 가격이 높다는 특징이 있으므로, 전망이 빗나가거나 성장이 둔화하면 좋은 투자가 되기 어렵다는 점을 명심해야 한다고 그는 경고한다(나는 이를 근거로 해서 한국에서 '성장주 장기투자 기조'에 대한 논리적인 토론 문화가 생기기를 바라는 입장이다).

벤저민 그레이엄의 투자법은 시대와 투자자의 학습 정도에 따라 현실에 맞게 조정할 필요가 있다. 하지만 공격형 투자와 방어형 투자를 절충하기는 어렵다는 것도 알아야 한다. 이 뜻은 방어적인 투자자가 공격적인 투자수익률을 추구해서는 안 된다는 것이다.

현명한 투자자라면
시장변동에 어떻게 대응해야 하는가?

───

주가는 언제든지 변동할 수 있기 때문에 투자자는 금전적인 손실과 심리적 충격에 대비하고 있어야 한다. 주가의 변동은 투기를 자극하는 요소가 되기도 한다. 그러나 변동성을 이용한 투기를 하고자 한다면 십중팔구 손해를 볼 수밖에 없다는 점을 분명히 인식해야 한다. 그래서 반드시 손실한도를 정해 두어야 하며, 필요에 따라 '투자용' 계좌와 '투기용' 계좌를 확실히 구분해 두라고 조언한다.

투기 대열에 끼어 단기간에 돈을 벌려는 시도는 대부분 실패하게 된다는 점을 그는 역설한다. 현명한 투자자라면 투기가 들끓는 시장 호황기에는 오히려 적정 이익을 실현함으로써 주식 비중을 낮추고, 투기가 사라지고 공포가 횡행하는 시장 불황기에 주식 비중을 서서히 늘려감으로써 기업가치와 가격을 기준으로 한 투자를 하라고 조언한다.

현명한 투자자는
늘 안전마진을 고려한다

───

현명한 투자의 비법은 한마디로 '안전마진 margin of safety'의 확보다.

주식의 안전마진은 기업의 수익률이 채권수익률을 훨씬 초과할 때 확보된다. A기업의 이익수익률(EPS/주가)이 9%이고 채권수익률이 4%라면, 주식이 채권보다 5% 더 유리하다. 해당 주식의 10년 후 초과수익률은 매입원가의 50%에 이르게 되고(누진 개념), 이것이 안전마진이 되어 주가 변동성에 따른 손실을 막아주게 된다. 이런 기업 20개 이상에 분산투자를 하면, 특별히 나쁜 상황만 아니라면 십중팔구 좋은 투자수익을 거두게 된다.

안전마진은 분산투자와 논리적으로 연결되어 있다. 안전마진은 이익 가능성을 높여 주지만, 손실 위험을 막아주지는 못한다. 특정 기업의 실적이 변할 수 있기 때문이다. 하지만 투자한 종목이 많으면 이익이 손실을 상쇄함으로써 전체 투자에서 이익이 날 가능성이 커지게 된다. 안전마진과 분산투자는 서로 보완적 요소가 되는 훌륭한 투자 방법이라 할 수 있다.

BOOK.3
돈, 뜨겁게 사랑하고 차갑게 다루어라

《 *Die Kunst ueber Geld nachzudenken* 》

앙드레 코스톨라니 (Andre Kostolany) | 한윤진 옮김 | 미래의창

투자의 비밀과 기술을
지혜롭게 서술한
돈을 관리하는 법에 관한
종합 지침서

Why this Book?

#돈에 관한 탁월한 감각 #주식, 채권, 부동산, 원자재 투자
#실패하는 투자에 대한 식견 #주식과 심리
#유머와 풍자 #쉬운 용어와 문체

KEY INTRODUCTION

주식투자를 넘어선 돈에 대한 철학서

투자자는 어떤 단계를 넘어서는 순간 철학자가 되는 듯하다. 많은 위대한 투자자들의 '돈과 투자에 대한 철학의 깊이'는 상상을 초월한다. 이들의 철학은 돈과 투자에 대한 다양한 비유와 심리를 담아내고 있다. 앙드레 코스톨라니(Andre Kostolany, 1906~1999년) 투자 총서는 총 세 권으로 각기 다른 내용을 다루고 있는데, 그중 백미는 이 책이다.

코스톨라니의 장점은 시장을 올바로 보는 인사이트를 주고 있다는 점이다.

READING POINT

돈에 대한 어떤 감각을 가질 것인가?

돈과 관련된 자신의 생각을 드러내는 것에 대해 거부감을 가지고 있는 사람들이 많은데, 이는 동서고금을 막론하고 퍼져 있는 사상 가운데 하나이다. '돈'이라고 하면 스크루지가 떠오르기도 하고, 한국에서는 다소 천박한 느낌을 주기 때문에 이를 직접 언급하지 않는 것이 미덕으로 여겨지기도 한다. 즉 '돈'이라는 단어는 모든 사람이 바라고 있는 마음과 표현 사이에 괴리가 존재한다.

그러나 코스톨라니는 책 제목부터 '돈, 뜨겁게 사랑하고 차갑게 다루어라'라며 돈을 가장 앞세우고 있는데, 인간 그리고 투자자가 가지고 있는 기본적인 생각인 '돈을 많이 벌어야 한다'는 욕망을 숨기지 않고 정면으로 부각시키고 있다.

저자는 돈으로 움직이는 자본주의가 '사기'라고 이야기하면서도 한편으론 매우 바람직한 사기라고 말한다. 동유럽 태생으로 사회주의를 목격한 그가 서방에 와서 돈에 대한 욕구가 경제적 진보의 동력이 된다고 봤기 때문이다.

투자는 돈과 심리를 다루는 예술이다

'투자는 예술이다.' 이 말은 성공한 투자자들의 공통된 말이다. 이는 치열한 매매 과정을 통해 얻게 되는 자연스러운 경험으로, 투자는 정확한 이론만으로는 성공할 수 없으며 수시로 발생하는 여러 난관들을 잘 극복하는 과정에서 항상 새로운 것을 인식해야 하기 때문에 투자를 예술에 자연스럽게 비유하게 되는 것이다. 그래서 주식시장에서 성공하기 위해서는 초현실주의에 대한 이해가 절대적으로 필요하고, 때로는 다리를 위로 치켜들고 머리는 아래로 향해야 할 수도 있다고 코스톨라니는 설명하고 있다.

종합적으로 투자자는 지성인이며, 정치와 경제를 진단하고 예측해서 그것을 토대로 수익을 창출하고자 심사숙고하는 증권거래인을 의미한다고 그는 이야기하고 있다.

투자, 할 것이냐 말 것이냐?

코스톨라니는 투자를 하려면 반드시 돈이 있어야 한다고 주장한다. 일부 투자자는 투자를 통해 돈을 마련하겠다고 생각하기도 하지만, 지금 당장 투자할 돈이 없거나 투자금이 작다면 다른 일을 통해서 돈을 마련하는 게 먼저라는 주장이다. 정신과 전문의이자 투자자인 알렉산더 엘더 Alexander Elder 역시 《주식시장에서 살아남는 심리투자 법칙》에서 동일한 주장을 하고 있다는 점에서 흥미로운 대목이다.

투자금 규모에 대한 기준도 제시하고 있는데, 자신과 가족이 써야 할 기본적인 생활비는 투자 대상이 아니며, 그 이상의 여윳돈만으로 투자하라고 조언한다. 즉 집, 교육비, 연금, 생활비는 투자금에 포함해서는 안 된다. 그리고 다수의 위대한 투자자들과 동일하게 가장 먼저 '집'을 소유하라고 이야기하고 있다. 바꿔 말하면 수중의 모든 돈이 투자 대상이 아니며, 기본적인 생활과 투자는 구분되어야 한다는 것이다. 둘이 섞이면 하나에서 생겨난 혼란이 다른 쪽의 혼란을 초래하고, 그 결과 삶이 무너지는 결과를 초래할 수도 있기 때문이다.

주식시장은 정기적이고 안정적인 확실한 수익을 보장하지 않는다는 사실도 명확히 인식해야 하며, 그렇기 때문에 위험을 감수하겠다는 정신적 준비운동은 필수적이다. 자금과 정신적인 각오라는 두 가지 자본이 마련되어야만 비로소 투자할 자격이 있다는 것이다.

평생 순종 투자자이자 장기적인 전략가로 사는 법

코스톨라니는 개인투자자들은 '순종 투자자'처럼 행동해야 한다고 말한다. '순종 투자자'란 단기와 장기투자 중간쯤에 있는 투자자로 단기투자자처럼 모든 뉴스에 즉각적으로 반응하지 않는 특성이 필요하다. 물론 정책금리, 경제성장이나 국제 뉴스 등에 대한 관심은 가져야 하지만, 자신만의 지적인 구조와 전략을 통해서 자기만의 아이디어로 시장에 대응해야 한다.

순종 투자자는 수동적인 참여자로서 시세 변동을 꾀할 수 없기 때문에 오직 그 속에서 이익을 얻으려고 노력해야 한다. 또한 때로 자신이 선택한 기업의 경영에 문제가 있다면 과감히 그 기업을 버리는 쪽을 택해야 한다.

순종 투자자는 성공과 파산 사이에 놓인 일상적인 위험에 익숙해져 있는데, 이를 견디기 위해서 '기자처럼 뉴스를 모으고 분석'한 다음, '의사처럼 적절한 처방을 내리는 것'에 익숙해야 한다. 투자자의 경험은 이익과 손실의 원인을 제대로 분석하고 연구했을 때 비로소 발휘되는데, 때로 이익보다는 손실 분석을 통해 배우는 것이 더 중요하다. 즉 실패에 대한 진지한 분석만이 성공적인 투자자가 되는 유일한 방법이다.

주가를 움직이는 중요한 것이 무엇인지 중심을 잡아라

주식 시세는 매일 변동한다. 그리고 투자자라면 누구나 변동 이면에 있는 논리(이유)를 알고 싶어 한다. 저자는 그럴 때일수록 오히려 냉정함을 유지하고 주가가 왜 이토록 변덕스러운지 논리적인 이유를 찾으려 애쓰지 말라고 조언한다. '주가는 수요와 공급에 따라 움직인다.' 이것이 유일한 논리로 봐야 한다는 것이다.

그렇다면 이를 이용하여 시장을 어떻게 봐야 할까? 한 발 떨어져 수급 논리로 시장을 보면 주식시장에서 매수자와 매도자는 자신의 의지를 잘 드러내고 있는 것을 보게 된다. 관망하는 투자자는 여기에 관여되지 않는다. 즉 매수자와 매도자가 얼마나 급박한가에 따라서 시장이 움직이게 된다는 것을 이해할 수 있다.

따라서 투자자는 시장을 바라보면서 매수자 우위 시장(활황)과 매도자 우위 시장(불황)의 흐름을 보고 적절하게 투자 판단을 결정하면 된다. 시장 이 매도자 우위라면 반대로 매수를, 매수자 우위라면 반대로 매도를 고려하면 된다.

코스톨라니의 말, 말, 말

- 장기적으로 성공한 단기투자자는 본 적이 없다.
- 컴퓨터 프로그램은 그것을 만든 사람만큼만 영리할 뿐이다.
- 인간에게는 '놀이하는 인간'으로서의 본능이 숨어 있다.
- 돈+심리= 추세
- 주식이 바보보다 많은지, 아니면 바보가 주식보다 더 많은지 아는 것이 중요하다.
- 주가는 주인과 산책하는 강아지와 같다. 때로는 주인을 앞서거나 뒤서기도 하지만, 결국 집에 같이 들어가게 된다. 여기서 강아지는 주식의 움직임이고, 주인은 기업의 가치이다. 결국 둘은 언젠가 만나게 된다는 것이다.

BOOK.4
워런 버핏의 주주 서한

《*The Essays of Warren Buffet*》

워런 버핏(Warren Buffet) 외 | 이건 편역 | 에프엔미디어

현존하는
가장 위대한 투자자 워런 버핏,
그의 시장과 기업을 바라보는
관점을 통째로 배운다

Why this Book?

#투자+경영+삶의 지혜가 담긴 명저 #세계적 경영대학원의 교재
#폭넓은 관점과 투자 철학 #40여 년간 직접 쓴 주주서한
#촌철살인의 조언 #10가지 주제별 투자의 토대

KEY INTRODUCTION

버핏이 인정한 유일한 자신의 책

투자자라면 아는 '워런 버핏(Warren Buffet, 1930~)'은 자기 스스로 책을 쓴 적이 없다고 스스로 밝히고 있다. 시중에 나온 버핏 관련 책은 모두 관련자 혹은 제삼자가 쓴 것이다. 그렇다면 투자자들이 버핏의 글을 볼 수는 없을까?

버핏이 운영하는 투자회사 버크셔 해서웨이 Berkshire Hathaway Inc.는 매년 주주들에게 주주서한을 보내고 있는데, 여기에는 버핏이 직접 관여하는 것으로 알려져 있다. 따라서 주주서한을 통해 그의 투자 철학과 생각을 읽어 낼 수 있다. 이 책은 지난 약 40년 동안 발행된 주주서한을 세부 주제로 재편집해 발간한 것이다. 시중에 버핏의 이름을 단 책이 수없이 많지만, 이 책만이 그가 유일하게 인정한 책이라 할 수 있다.

주식투자는 단순히
주식을 사고파는 일이 아니다

투자자가 세상에 존재하는 모든 투자법을 온전히 이해할 수 있을까? 버핏은 그럴 수 없다고 단언한다. 누구도 자신이 투자하려는 기업가치를 정확하게 측정할 수 없으며, 투자자는 저마다 처지에 맞게 투자해야 한다. 즉 자신의 한계를 인식하고 그에 맞는 투자법을 선택해야 한다.

올바른 투자를 하려면 기업 자산의 가격 변동성(주가)에 중점을 두지 말고, 마치 비상장사에 투자하듯 해당 기업의 경제성이나 경영자 자질 등을 종합적으로 판단해야 한다고 버핏은 강조한다. 다시 말해 투자할 때 주식을 사고판다고 여기지 않고 기업을 경영하듯 사고한다는 의미다. 이런 관점으로 바라보면 주가의 등락에 일희일비하지 않고 냉철하고 장기적인 시야에서 투자에 임할 수 있다.

버핏은 자신의 스승이었던 벤저민 그레이엄이 주창한 '미스터 마켓' Mr. Market 비유를 즐겨 사용한다. 회사 실적이 안정적이어도 미스터 마켓(주가)은 변덕을 부린다. 이 친구는 불치의 정서질환에 시달리기 때문이다. 기분이 좋으면 시장을 낙관해 높은 가격을 부르고, 갑자기 우울해지면 사업을 비관해 싼값에 팔아넘기려 한다. 미스터 마켓이 변덕을 부리는 순간이야말로 효과적인 매매 타이밍이다. 미스터 마켓이 아무리 재촉해도 당신은 거래하지 않을 권리가 있다. 그래도 미스터 마켓은 삐치지 않고 또다시 다가온다. 이렇듯 사랑스러운 미스터 마켓의 조울증을 잘 활용하면 투자자는 승리를 취할 수 있다.

버핏은 주식에 관한 정보가 주가에 정확히 반영된다는 '효율적 시장이론'에 이의를 제기한다. 시장이 효율적이기만 했다면 그동

안 자신이 거둔 엄청난 초과수익을 설명할 수 없다는 것이다. 투자란 시장의 비효율성을 잘 이용할 줄 아는 것에서 출발한다.

자사주와 배당에 대한
버핏의 독특한 시각

버핏은 투자하고 하는 기업의 자사주 매입과 배당에 대해서도 명확한 기준을 가지고 있는데, 자사주 매입은 기업의 저평가 구간에서만 유효하다는 것이다. 이는 기업이 스스로 자신의 기업을 싸게 인수하는 효과를 볼 수 있기 때문이다. 그래서 주가의 하락을 막기 위한 방안 등으로 활용될 경우에는 경계를 해야 한다.

버핏은 버크셔 해서웨이의 무(無)배당과 관련해서도 입장을 밝히고 있는데, 기업은 스스로 창출한 이익을 '내부유보(투자)'와 '외부유출(배당)' 사이에서 기업의 목적과 상황에 따라 어떻게 배분할 것인가를 선택해야 하는데, 이를 고려하지 않고 무조건 배당이 좋다는 시각은 위험하다는 것이다. 버크셔 해서웨이는 이익 재투자를 통한 높은 투자수익률의 추가적 달성이 가능하기 때문에 이익을 내부유보한 뒤 이를 재투자, 그리고 추가 이익 발생, 그리고 높은 주가 움직임이 나타나게 만들겠다는 것이다. 투자자들의 수익은 주가 상승과 배당으로 이루어지는데, 배당이 없어도 주가 상승에 따른 높은 투자수익은 이를 정당화한다는 것이다.

군더더기 같은 말이지만 가치평가는 꼭 필요하다

버핏은 주식투자에 가치평가가 필요하다는 말은 '기업을 보아야 투자할 수 있다.'라는 말처럼 불필요한 형용모순이라 단언한다. 다시 말하면 가치평가를 하지 않고 어떻게 주식투자를 할 수 있냐는 반문이다.

'손안의 새 한 마리가 숲속의 새 두 마리보다 낫다!' 알지 못하는 대상에 투자하기보다 그냥 현금을 쥐고 있는 편이 안전하다는 말이다. 무언가에 내 소중한 현금을 투자하려면, 다음 세 가지 질문에 답할 수 있어야 한다.

① 숲속에 실제로 새가 있을지 확신할 수 있는가?

숲의 최대가치는 내가 투자하려는 기업의 미래를 의미한다. 새는 수익이다.

② 새는 언제 몇 마리 나타날 것인가?

기업이 아무리 성장해도 수익이 나지 않을 수 있다. 사업 초기에

들어간 현금보다 성장 후 창출되는 현금의 현재가치가 작다면 성장은 가치를 만들어내기는커녕 오히려 가치를 파괴한다.

③ 무위험 이자율보다 수익률이 높은가?

무위험 이자율이란 미국 장기 국채 수익률(금리)을 말한다. 이보다 수익이 적다면 현금을 투자할 이유가 없다.

버핏에 의하면 투자자들이 흔히 지표로 삼는 배당수익률, PER, PBR_{Price on Book-value Ratio, 주가수익비율}, 기업의 성장률은 투자의 기준이 될 수 없다. 성장투자냐 가치투자냐 하는 논쟁은 의미가 없는 말이다.

투자자는 사업의 경제성을 전반적으로 이해하고, 독자적으로 사고해서 근거가 확실한 결론에 도달해야 한다는 점을 강조한다. 그러지 않으면 투자는 투기가 되고 만다. 새가 살지도 않는 숲에 현혹되어 투자의 달콤한 열매를 만끽하는 사이, 즉 적절한 시점에 무도회장에서 빠져나오지 않는다면 어느새 화려해 보이던 마차와 말은 호박과 쥐로 변해 버리고 만다.

거품은 터지게 되어 있으며, 거품이 터지고 나면 초보 투자자들은 그제야 오랜 교훈을 절감하게 된다. 증권시장은 팔리는 것이면 무엇이든 투자자에게 팔려고 든다는 것, 가장 쉬워 보일 때가 가장 위험하다는 것! 버핏은 자신이 공모주나 시장이 무르익지 않은 신규 분야, 경제성이 불분명한 벤처 등에 투자하지 않는 이유가 바로 이 때문이라고 말한다.

초급보다는 중급 투자자에게 어울리는 내용

투자에 대한 경험과 식견이 중급 이상이라면 이 책을 더 잘 활용할 수 있지만, 초보 투자자라면 다소 혼란스러울 수도 있다. 버핏이 존경하는 스승이나 선배, 동료의 사례와 더불어 풍성하게 이어지는 스토리가 투자의 방향, 기본자세, 시장을 보는 관점 등을 풍요롭게 하는 데 도움이 된다. 하지만 본격적인 투자 방법론이 필요한 독자라면 좀 더 경륜이 쌓인 다음에 읽을 것을 권한다.

BOOK.5

소로스 투자 특강

《 *The Soros Lectures* 》

조지 소로스(George Soros) | 이건 옮김 | 에프엔미디어

냉혹한 자본주의자인가,
박애주의 자선사업가인가?
소로스의 진면목과 사상을 담은
투자 철학서

Why this Book?

#투자의 귀재 소로스의 생각 #사람과 시장을 보는 철학
#오류성과 재귀성의 원리 #불확실성에서 기회를 찾는 법
#소로스식 사고의 틀 #중부유럽대학 5일의 마지막 강의

KEY INTRODUCTION

철학자, 사회운동가로서의 소로스

조지 소로스(George Soros, 1930~)는 위대한 글로벌 투자자지만 한국에서 인기는 좀 미지근하다. 투자 영역이 주식뿐 아니라 환율 등 전방위에 있기 때문이다.

그러나 높은 수익률을 기준으로, 그는 대가의 반열에 들어갈 자격이 충분하다. 이 책에 펼쳐진 그의 투자법을 살펴보다 보면, 누군가의 아킬레스건을 정확하게 공략하는 냉혈한 같은 모습 뒤에 감추어진 철학적인 고민을 엿볼 수 있다.

READING POINT

당신의 현실 인식과 투자법은 틀렸다!

주식투자는 불확실한 미래를 향한 기대감을 바탕으로 이루어지기 때문에, 모든 투자자는 근본적으로 불안감을 느낀다. 이때 주변에서 투자해서 돈을 많이 번(혹은 그렇게 알려진) 사람들, 특정 섹터나 종목의 미래에 대해 확신에 찬 목소리로 주장하는 사람들, 많은 SNS 구독자를 보유한 영향력 높은 사람들의 입김이 불어온다. 그런데 이 영향력이 긍정적일 수도 있지만 부정적인 면도 포함되어 있다.

이른바 인플루언서influencer의 파급력은 특정 업종이나 기업의 주가를 단기간에 움직이게 하여, 그 결과는 다시 그들의 주장에 힘을 실어준다. 이는 서로 상호작용을 통해 더욱 강화되는데, 이에 대해 소로스는 '재귀성 이론'을 통해 설명하고 있다.

소로스가 창안한
오류성-재귀성의 원리

철학적 관점으로 사회와 투자를 바라보았던 소로스는 자신의 투자철학을 정리한 재귀성 이론을 핵심 아이디어로 설명하고 있다. 이를 이해하기 위해서는 다음과 같은 논리적인 전개가 필요하다.

① 생각하는 사람이 어떤 상황에 속했을 때, 그가 세상을 보는 관점은 항상 부분적으로 왜곡될 수밖에 없는데 이것을 **오류성**fallibility **의 원리**라고 한다.

② 이렇게 왜곡된 관점은 부적절한 행동을 낳고, 이는 다시 상황에 영향을 미치게 되는데 이것을 **재귀성**reflexivity**의 원리**라고 한다.

재귀성의 개념은 '생각하는 사람'이 있기에 성립된다. 사람의 생각은 두 가지 기능을 수행하는데, 하나는 인지기능이고 다른 하나는 조작기능이다. 인지기능은 세상을 이해하는 기능이고, 조작기능은 상황을 자신에게 유리하게 바꾸는 기능이다.

그런데 두 기능이 생각과 현실을 연결하는 방향은 '정반대'가 된다. 인지기능은 현실이 사람의 관점을 결정하는 것으로 쉽게 말해 사람이 현실을 보고 인지하게 된다는 것이고, 반면 조작기능에서는 사람이 세상에 영향을 주게 된다. 다시 말해 사람의 의도가 세상에 영향을 미치게 되는 것을 의미한다.

문제는 두 기능이 동시에 작용을 하면, 서로 간섭하게 된다는 것이다. 이는 인지기능이 판단에 필요한 지식을 충분히 생산하지 못한다는 뜻이고, 마찬가지로 조작기능이 결과에 영향을 미칠 수는 있어도 결과를 결정할 수 없다는 것이다. 다시 말하면 결과가 사람의 의도에서 벗어나기 쉽다는 것을 말한다.

일례로 '비가 온다'라는 명제는 비가 오면 '참'이 되고, 비가 안 오면 '거짓'이 된다. 아주 간단하다.

하지만 '주가가 오를 것이다.'라는 명제는 어떨까? 이는 대표적인 재귀성 명제다.

주가가 오른다는 인지를 한 사람들은 현실에 간섭하게 되고 여러 사람들의 복잡다단한 피드백 고리가 얽히면서 결국 현실을 조작하게 된다. 현대사회에서는 다양한 주체가 복잡하게 작동하므로 현실 조작의 범주와 영향력 역시 매우 커질 수 있다.

주가를 움직이는 실체가 무엇인지
냉철하게 분석하라

A기업의 주가가 바닥권에서 이제 막 우상향하는 움직임을 보이기 시작할 때는 많은 사람의 관심을 끌게 된다. 이때 주가에 상승 탄력이 붙고 많은 투자자가 매수에 동참하면 주가는 급격히 상승한다. 상승 자체가 '포모Fomo, Fear Of Missing Out 현상', 즉 소외되고 싶지 않은 공포까지 불러일으키면서 상승세는 더욱 가팔라진다. 이것이 재귀성이 펼치는 마법이며, 이는 시장이 이성적으로 움직인다고 전제하는 효율적 시장 가설과 정면으로 부딪친다.

이를 정리하면 초기 주가의 상승을 보는 것은 '인지기능'이고, 이에 계속 상승한다는 생각으로 주식을 사게 되고 이로 인해 주가가 오르는 것은 '조작기능'이다. 또 다르게 말하면 인플루언서의 말은 '인지기능'이고, 이에 투자자들이 매수에 나서는 것은 '조작기능'으로, 이로 인해 주가는 움직이게 된다는 것을 재귀적 관점으로 봐야 한다는 것이다. 그렇다면 인플루언서가 주가의 미래를 잘 예측한 것이 아닐 수도 있다는 것으로 생각해야 한다는 것이다.

다시 말해 특정인의 발언에 특정 기업의 주가 움직임이 결정되는 경우가 생기게 되는데, 이는 본질적인 주가 움직임과 차별화해서 봐야 한다.

INTRODUCTORY BOOKS

Chapter 2

주식투자 개론서
_투자의 길을 열어주는 친절한 입문서들

처음 투자를 시작하면 어떤 책부터 읽는 것이 좋을까? 여기, 주식투자의 기본자세와 관점을 잡아주면서, 똑똑하고 지혜롭게 투자에 임할 수 있는 기초 체력을 만들어주는 책들을 소개한다. 초보자라면 주식투자 기초에 필요한 탄탄한 지식을 배우고, 경험자라면 투자의 기본기를 재확인할 수 있다.

BOOK.6
현명한 초보 투자자

《知ってそうで知らなかったほんとうの株のしくみ》

야마구치 요헤이(山口揚平) 지음 | 유주현 옮김 | 이콘

평생 사용할 수 있는
주식투자의 기본 지식을
쉽고 친절하게 알려주는
주식투자 입문서

Why this Book?

#기업가치의 원천을 찾는 공식 #투자자에 도움 되는 습관
#10가지 지표 #부화뇌동하는 양 같은 투자자
#정량·정성적 기업 평가의 기초 #M&A 전문가가 들려주는 조언

KEY INTRODUCTION

주식투자로 돈을 버는 7단계 안내서

일본 책의 특징은 실용성이 높다는 점이다. 이 책은 투자자가 투자하고자 하는 기업(종목)을 어떤 과정을 통해 선택하고 분석하는지 순서대로 잘 설명한다. 물론 구체적인 매매 기법도 잘 설명이 되어 있다. 이제 막 시작하는 투자자라면 일단 이 책이 가리키는 대로 따라 해 보면서, 자신만의 방법을 찾아가는 것이 효율적이라 할 수 있다.

READING POINT

아무것도 모른다면 7단계부터 찬찬히 짚자

주식투자를 처음 시작하면 궁금한 게 많다. 자기 돈을 투자해서 수익을 추구하는 것으로, 기존에 배우고 살아온 방식과는 전혀 다르기 때문이다.

초보자라면 어떻게 매매의 시작과 끝을 맺어야 하는지 전반적인 사항이 궁금할 것이다. 조각조각에 관한 정보는 쉽게 구할 수 있지만, 체계적인 설명이 다소 부족하게 느껴진다. 그래서 몇몇은 탐구를 시작하다 지쳐 포기하기도 한다.

이 책은 주식투자를 수행하는 과정을 7단계에 걸쳐 친절하게 정리해 알려준다. 계좌 개설에서부터 종목 선정과 매매까지 세분화되어 있다. 차영주의 《터틀 트레이딩》과 같이 읽으면 더욱 정교하게 매매 과정을 이해할 수 있다.

주식투자 초보자가
꼭 알아야 할 7단계

① **준비 단계:** 계좌 개설을 할 때는 무엇에 투자할까(국내 주식, 해외 주식, 선물 등 파생, ETF…)에 따라 금융기관을 정한다. 주력하려는 투자에 유리한 금융기관이 따로 있기 때문이다. 환전이 쉽거나 수수료가 저렴한 곳, 국내 매매 수수료가 무료인 곳, 정보나 검색 기능이 훌륭한 곳 등을 구분하여 찾아보는 게 좋다.

② **유망종목 압축 단계:** 투자하려는 종목군을 한 번 거르는 단계다. 이때 정성적·정량적 판단을 동시에 사용한다. 정성적 판단은 평판이나 투자자의 관심도 등이며, 정량적 판단은 PER, PBR, ROE 자기자본이익률, Return On Equity, 이익성장률 등을 이용한다. 요즘에는 증권사 HTS(컴퓨터용 매매 프로그램), MTS(모바일용) 등에 있는 검색식을 사용하면 된다.

③ **기업가치 산정 단계:** 기업가치를 평가하는 단계 중 첫 번째다. 먼

저 기업의 사업 내용을 분류하지 않고 통째로 평가한다. 자산, 사업 가치, 저평가 정도를 중심으로 분석한다.

④ 사업 분석 단계: 기업 내의 각기 다른 사업을 분석하는 단계로 기업이 개별 사업을 통해 어떻게 이익을 창출하며, 어떤 제품으로 소비자에게서 얼마나 이익을 거두는지 파악한다. 이때 미래 전망도 포함해야 한다. 앞으로 이익이 더 늘어날 가능성이 있는지, 업계 경쟁이 심화할 것인지 등 추후 이익 전망을 집중적으로 살핀다.

⑤ 주가가 오르는 계기를 판단하는 단계: 기업 분석을 마쳤다면, 주가가 오를 '계기'를 판단한다. 주가는 기업의 이익에도 좌우되지만, 배당, 자사주 매입, 신제품이나 신사업의 전개, 충실한 IR~Investor Relations~, M&A나 액면분할 같은 모멘텀~momentum~의 영향을 받기 때문이다. 이를 '이벤트'라고 하는데, 시장의 관심을 유도하고 긍정적인 판단이 내려지면 기관이나 외국인 등의 유인 요소가 되므로 잘 살펴야 한다.

⑥ 매수 단계: 훌륭한 투자는 좋은 기업의 주식을 싸게 사는 것이다. 주가가 저평가되어 있는지를 재확인해야 한다. 가장 좋은 것은 '역행 투자'다. 기업의 문제가 아니라 시장 상황 탓에 주가가 폭락하거나 악재가 터졌을 때 투자한다. 내부의 악재라도 극복할 수 있는 일회성이거나 오해로 인한 것이라면 매수 관점으로 접근할 수 있다.

⑦ 매도하여 이익을 확정하는 단계: 투자는 매도로 마무리된다. 기준은 가치와 가격의 격차가 메워졌는지다. 이후 매도로 현금이 생겼

다고 무작정 매수하는 게 아니라, 다시금 앞의 단계를 거쳐서 유망 종목을 발굴해야 한다. 이렇듯 교체 매매는 항상 신중해야 한다. 매도로 이익을 봐서 흥분감과 자신감으로 바로 매수하기 쉽기 때문이다. 감정을 억제하기 위해 일정 기간을 두고 매매하는 것이 좋다.

7단계는 투자 대가들의 조언과 매우 유사하다. 단계를 두고 투자하는 것은 특히 개인투자자에게 유리하고 요긴하다. **④⑤⑥단계**를 자유자재로 움직이며 매매에 활용할 수 있으면, 어떤 시장에서도 수익을 내는 방법을 터득하게 된 것이라 할 수 있다.

4가지 주식투자자 유형 중 당신은 어디 속하는가?

어떤 종목에 어떻게 투자하면 좋을지 투자자의 성향을 알아본다. 자신이 어디에 속하는지 파악함으로써, 이해하고 극복하기 위해 노력해야 한다.

① 매사에 장기적으로 임하는 부엉이: 기업의 저평가 구간에 매수해서 누가 뭐라 하든 주가가 오르기까지 지긋이 기다리는 투자자다. 오로지 기업의 본질적인 가치에만 집중한다. 그러다가 대중들이 그 가치에 눈을 뜨면 매도해 이익을 챙긴다. 직장인에게 맞는 스타일이다.

② 시장의 비효율을 잘 활용하는 여우: 발 빠른 움직임으로 단기간에 생기는 가치와 가격의 차이를 포착해 즉각 투자하고 이익을 챙기는 스타일이다. 글로벌 시장의 거래 시차, 투자자의 심리와 유동성 등 다양한 요소로 주식의 비효율이 생겨나는데, 이를 빨리 포착해 매매하는 투자자들이다.

③ 근거 없이 남의 뒤만 쫓는 양: 누군가 권하는 주식을 사서 손실이나 이익을 보면서 희로애락을 오간다. 주식투자는 도박이라고 말하는 이들은 대부분 이런 유형으로 엄청난 스트레스를 느끼면서 투자한다.

④ 투자 세계를 호령하는 사자: 가치와 가격의 차이를 포착하면 자기 힘으로 그걸 메워버리는 이들이다. 사모펀드 등이 여기 속한다. 저평가 기업을 통째로 매수해 쪼개 팔거나, 기업가치를 높인 후에 합병이나 상장 등을 통해 투자금을 회수한다.

당신은 어떤 유형이며, 앞으로 어떻게 변화하고 싶은가? 그러나 되고 싶다고 다 될 수 있는 것은 아니다. 특히 사자는 아무나 되기 어렵다. 주식투자에 많은 시간과 노력을 투여하지 못하는 직장인이라면 여우보다는 부엉이를 택해야 할 수도 있다. 선택은 어디까지나 당신의 몫이다.

BOOK.7
가치투자 처음공부

이성수(유튜브 @lovefund) 지음 | 이레미디어

주린이들의 눈높이에 맞춘
가치투자 가이드
초보자도 쉽게 이해하는
주식투자 안내서

Why this Book?

#투자는 속도보다 방향 #경제-경기-환율과 주가의 상관관계
#3가지 부록 #가치투자 대가들의 투자법
#재무제표와 손익계산서 이해하기 #포트폴리오와 리스크 관리

KEY INTRODUCTION
가치투자의 기본기를 잡아주는 책

출판사의 '처음공부' 시리즈 중 한 권이지만, 제목 그대로 가치투자에 대한 기본 이해를 도와주는 책이다. 앞서 투자의 고전을 읽고 가치투자에 관심을 두었어도 정작 쉽고 친절하게 알려주는 교재가 없어 난감하기 쉬운데, 이를 깔끔하게 해결해 준다. 저자는 SNS에 꾸준히 글과 영상을 올리면서 올바른 투자를 위한 노력을 게을리하지 않고 있다. 이 책은 본격적인 공부 전에 방향을 잡아주는 원론서로 충실한 역할을 한다.

READING POINT
시장에 흔들리지 않는 뚝심 있는 투자

가치투자를 하려는 투자자는 상당수 존재한다. 주가 움직임이 때에 따라 가치와 무관하게 움직이고 이슈나 심리의 영향을 받더라도, 궁극적으로는 기업가치와 동행한다는 믿음을 갖고 투자하려 하는 것이다. 투자자들이 그러한 생각을 하지 않는다면 기업가치와 주가는 영원히 별개로 움직일 것이며 투자의 근거는 상실되고 말 것이다.

시중에 가치투자에 관한 훌륭한 책이 상당수 있지만, 주식시장에 막 입문한 이들이 처음부터 배우는 데 좋은 길잡이가 되어주는 책이다.

가치투자는 무엇이며
왜 필요한가?

주식투자는 기본적으로 기업의 '지분share'에 투자하는 것이다. 물론 이에 대해 여러 관점이 있지만, 여기서는 논외로 한다. 기업은 생물체와 같아서 내용(가치)이 계속 변하며, 이를 평가하는 방법 또한 다양하게 변화하며 존재하고 있다. 구체적인 방법으로 자산가치, 성장가치, 미래가치, 미래현금흐름 등 기업의 상황에 따라 다양한 평가법이 적용된다.

그런데 기업의 변화무쌍함, 평가법의 다양성이 오히려 가치투자가 어렵다는 인식을 심어주기도 한다. 하지만 이를 적절하게 활용하면 오히려 다양한 투자전략 구사가 가능해진다.

한편, 가치투자가 무조건 장기투자는 아니라는 것도 분명히 알아야 한다. 가치투자는 기업가치와 시장의 괴리를 이용하거나, 혹은 기업가치의 증가 와 동행하는 것이다. 따라서 저평가되었던 주식이 테마주로 묶여서 단기간에 급등하거나, 시장의 반응에 따라

3개월~1년 사이에 가치가 조기에 반영된다면 수익을 챙기는 전략이 필요하다.

주가가 어떻게 생성되는지 이해하자

주식투자는 주식 매매를 통해 수익을 얻게 된다. 그런데 가치와 주가는 항상 동일하게 움직이지 않으므로, 주가가 어떻게 움직이는지 잘 알아야 한다. 주가는 크게 기업의 실적, 경제와 경기 사이클, 금리와 유동성, 환율, 심리 등 다양한 요소에 따라 움직인다.

① 경제와 경기 사이클: 주식시장은 경제의 '선행지표'에 영향을 받게 된다. 선행지표의 호황은 기업의 실적에 영향을 미치게 되고, 이는 주가에 선반영되기 때문에 투자자가 관심을 가져야 하는 지표가 된다.

② 금리: 금리는 경제의 유동성을 조절하는 역할을 하는데, 이와 관련한 투자법을 정리한 것이 '우라가미 구니오浦上邦雄의 사계절 이론'이나 '코스톨라니의 달걀 이론'이다. 이는 금융장세, 실적장세, 역금융장세, 역실적장세 4가지 국면으로 나눈다. 이들은 유동성에 따른 해당 시기마다 적합한 투자법을 제시하고 있는데, 이 가운데 주식투자에만 집중을 해서 금리의 영향으로 주식시장 전반이 오르

내리는 시기를 잘 관찰해 투자 아이디어를 잘 뽑아내야 한다.

③ 환율: 환율은 수출입 기업 실적에 중대한 영향을 미치며, 외국인 투자자의 수급도 좌우하므로 그 관계도 잘 알아야 한다. 원화 강세(환율 하락)는 외국인을 국내시장에 끌어들이는 요소가 되고, 원화 약세(환율 상승)는 수출 기업의 매출 증가에 영향을 미치게 된다.

④ 심리: 심리는 외부 요소가 아닌 투자자 내부 요소로 이들의 흥분과 공포감에 따라 주가의 움직임이 거품을 만들거나, 공포심에 따른 하락장을 만들게 된다.

가치투자는 이렇듯 종합적인 요소로 '주가가 기업 실적을 제대로 반영하지 못하는 구간'을 활용해 매매하는 방법이다.

기업은 어떤 기준으로 분석하는 게 좋을까?

가치투자를 위한 기업 분석은 기업이 무엇을 하고 있는가 파악을 하고, 그리고 나서 이를 바탕으로 기업가치를 측정하는 것을 말한다.

① 기업 평가: 기업이 하는 '일'을 분석하는 것으로 기초적이고 상식적으로 판단하면 된다. 가전제품을 살 때 성능, 경쟁사 대비 장단점, 목표 소비자, AS 여부, 과거 이력, 내수와 수출 현황, 주변의 평판 등에 대해 알려주지 않아도 누구나 찾아보게 마련이다. 투자 대

상 기업도 그렇게 알아보면 된다.

② **실적 평가:** 기업은 가전제품보다 조금 알아보는 게 복잡한데, 첫째가 재무제표 분석이다. 많은 투자자가 여기서 어려움을 느끼지만, 반드시 극복해야 한다. 재무제표를 모르고 가치투자를 할 수 없기 때문이다. 어렵다고 지레 겁내지 말고 설명과 분석을 잘 활용해 나가면 된다. 뒤에 소개할 좀 더 전문적이고 세부적인 필독서까지 읽으면 의외로 쉽게 이해할 수 있게 된다.

재무분석을 하려면 금감원 전자공시 시스템인 다트(Dart, dart.fss.or.kr)를 보는 법부터 익혀야 한다. 증권사 시스템이나 포털 사이트에서 연결되어 있어 접근이 쉽다.

재무제표의 기본 용어, 즉 사업보고서, 감사보고서, 연결, 주석 등 기초 용어를 파악하고 어떤 메커니즘으로 작성되며 어느 시점에 발표되는지와 더불어 흐름을 파악할 수 있을 정도의 기초지식을 갖추어야만 한다.

아울러 재무제표에서 중요한 변화 요소, 예를 들어 손익계산서에서 매출과 영업이익 간의 관계, 재무상태표에서 유동비율과 재고자산과 매출채권, 감가상각, 현금흐름표에서 잉여현금흐름 등 핵심요소를 보는 방법을 익히면 된다.

실전 가치투자를 위한
상세 가이드

    종합적인 판단 이후에 주식을 매수하기 위해서는 기업가치와 시장의 평가 사이의 괴리를 활용하면 된다. 소위 미스터 마켓(주식시장)의 변덕을 이용하는 것이다.

    그런데 가치투자를 했다고 주가가 기업의 가치를 반영하기까지 마냥 기다리기만 해서는 안 된다. 또 다른 중요한 일은 기업가치를 흔드는 요소가 발생하는지 면밀히 살피는 것으로, 이는 개별 기업의 변화 요소를 체크함과 더불어 업황이나 경기의 변화 등도 관찰해야 하는 것이다.

    이러한 변화는 투자자가 애초에 기대했던 투자수익률을 더욱 높일 수도 있지만, 반대일 수도 있으므로 주가의 흐름이 처음 예측과 다른 방향으로 움직일 때는 적극적인 리스크 관리가 필요하다.

    마지막으로 강조하는 것은 '자신만의 투자원칙'을 만드는 것이다. 이는 많은 위대한 투자자들의 공통적인 조언이다.

BOOK.8
주식시장을 이기는 작은책

《 *The Little Book That Still Beats the Market* 》

조엘 그린블라트(Joel Greenblatt) 지음 | 안진환 옮김 | 알키

불황에도 호황에도
꾸준히 수익을 올리는 마법공식
월가의 전설적 투자자가 말하는
투자의 비법

Why this Book?

#연평균 수익률 40%의 마법공식 #불안한 시장을 이기는 전략
#재밌는 일화와 스토리텔링 #뚝심과 인내심
#자본수익률 이해하기 #심리라는 장애물을 극복하는 법

KEY INTRODUCTION
또 하나의 투자 구루에게 배우는 기본기

주식투자를 하다 보면 객관적인 숫자가 보내는 매매 신호보다 인간이 가지는 기본 심리의 지배를 받아, 투자가 어렵게 되는 경우를 자주 접하게 된다. 이를 경험한 투자자는 심리를 배제하고 오롯이 숫자에만 집중해 투자하고자 하는 욕구가 생기게 된다. 언제나 주식투자에는 다양한 외부 요인이 작용하기 때문이다.

기업가치를 평가하고 판단하며 매매하는 전 과정에 심리가 훼방을 놓지 않도록 하는 방법은 없을까? 이 책은 오롯이 객관적인 데이터에 근거해 매매하는 방법을 제시한다.

READING POINT
실적과 이론 모두에서 탁월한 저자

투자자 중에는 자신의 심리(인간의 기본 심리)를 통제하기 어려워 매매가 잘못되었다고 판단하는 경우가 있다. 여러 방법으로 검증해도 투자 공식은 맞게 계획했고 이를 그대로 실천했다면 수익이 났겠지만, 꼭 매매 순간에 심리가 훼방을 놓아 공식에 따르지 못하고 매매를 망치게 되는 경우다.

조엘 그린블라트(1957~)는 헤지펀드 고담캐피탈을 설립해 1985년부터 2005년까지 10년간 연평균 수익률 40%를 기록했다. 그는 이 책에서 심리의 개입을 배제한 채 데이터에만 기반한 투자법을 구체적으로 제시한다. 그는 이를 '마법공식 magic fumula'이라고 부르는데, 세월이 흐른 지금도 여전히 많은 투자자에게 영감을 주면서 관련된 다양한 투자법을 만들어내고 있다(이 책 제목에 '작은 책'이 붙은 것은 내용이 너무 간단해서가 아니라, 당시 원서 출판사의 '작은책 시리즈' 중 한 권으로 발간되었기 때문이다. 여러분이 지금 보고 있는 이 책도 센시오 출판사의 '필독서' 시리즈의 일환인데, 같은 맥락이다).

마법공식만 기억한다면
심리에 휘둘릴 필요가 없다

마법공식은 매우 단순하다. 상장사별 '자본수익률'과 '이익수익률'을 산출해서 점수를 부여한 다음, 합산접수에 따라 상위 기업에 투자하는 것이다. 이후 1년에 한 번씩 같은 방식으로 재산정한 점수로 포트폴리오 리밸런싱 rebalancing 하는 것으로 끝이다. 저자 자신도 너무 간단해서 의심이 갈 정도라고 말한다.

기업에 점수를 매기고 순위를 정하려면, 먼저 자본수익률과 이익수익률의 개념을 정확하게 이해해야 한다. 자본수익률이 높다는 것은 창업비용에 비해 많은 이익을 내는 가게나 공장이 있다는 의미이고, 이익수익률이 높다는 것은 투자자가 지불하는 가격에 비해 많은 이익을 만드는 주식을 말한다. 다른 조건이 동일하다면, 이 2가지 수익률이 높은 기업의 주식을 매수하는 것이 타당하다.

① 자본수익률과 이익수익률에 따라 기업 순위를 매기자

마법공식의 구체적인 방법은 먼저 자본수익률이 가장 높은 순으로 점수를 매겨 기업 순위를 정하는 것이다. 마찬가지로 이익수익률이 높은 순으로 순위를 정한다. 이렇게 하면 기업은 2가지의 등위 점수를 보유하게 된다.

예를 들어 A기업이 자본수익률에서 5등이고 이익수익률에서 10등이라면, 총점은 둘을 합쳐 15점이 된다. B기업의 자본수익률이 7등이고 이익수익률이 7등이라면 총점은 14점이다. 합산한 점수를 기준으로 최고점부터 다시 순위를 매기게 되는데, 이에 따른 상위 종목 30개를 무조건 매수하는 것이 바로 마법공식의 핵심이다.

여기서 중요한 것은 점수 데이터에 따라 '무조건' 매매한다는 점이다. 이는 시장의 무관심 덕에 기업 주가가 가치 대비 낮은 상황을 적극적으로 이용하는 것이다. 이런 면에서 이 개념을 통계학과 수학에 기반한 정량적인 투자전략인 퀀트Quant 투자의 시초라고 보는 이들도 있다. 감정을 완전히 배제한다는 점에서 그렇다.

② 미스터 마켓의 변덕을 적극적으로 이용하는 투자전략

　마법공식은 시장이 항상 적절한 가치를 반영하지 않는다는 점에 착안한 것으로 자본수익률과 이익수익률이 높다는 것은 현재 기업의 가치가 저평가되어 있다는 방증이라는 점에 주목한다. 따라서 여기에 투자를 해서 장기적 관점으로 기다리면, 시장이 정상적으로 가치를 반영하는 시기에 투자수익을 거둘 수 있다는 논리다. 미스터 마켓의 비이성을 이용하는 논리적 귀결이라고 봐야 하며, 가치투자의 방법론 중 하나가 된다.

연 1회 리밸런싱으로 추이를 반영한다

　마법공식에 의하면 자본수익률과 이익수익률에 따라 투자할 대상 기업의 리스트가 만들어지는데, 이들 중에는 투자자가 처음 보는 기업이나 별로 좋지 못한 인상을 받았던 기업도 포함되게 된다. 이는 데이터만을 기반으로 어떠한 정성적인 평가 없이 기업을 추렸기 때문이다. 그런데 이것이 바로 핵심이다.

　마법공식을 사용하는 이유는 인간적 개입이라는 정성적 데이터에 흔들리지 않고, 정량적인 데이터에 따라서만 투자하려는 것임을 결코 잊어서는 안 된다. 선정된 기업은 투자자의 선호도나 관심도와는 상관없이 무조건 투자를 하는 것이 중요하다. 그래야 마법 공식의 올바른 뜻인 '저평가 국면의 매수'가 가능해진다.

또한 저자는 1년 단위 리밸런싱을 언급한다. 한번 투자를 영원히 지속하는 것이 아니라는 것이다. 그 이유는 저평가는 언젠가 해소되고 또 다른 주식의 저평가가 발생하기 때문에, 적절히 교체해야 한다.

그렇다면 저자의 주장대로 1년 단위로 하지 않고, 리밸런싱 주기를 더 짧게 하는 것은 어떨까? 나 역시 과거 증권사 재직 시절, 그런 생각으로 시뮬레이션을 돌려본 적이 있었다. 그런데 3개월 이하보다는 3개월 이상으로 리밸런싱했을 때 비로소 나름대로 의미 있는 수치를 확인할 수 있었다. 하지만 시뮬레이션을 돌리는 백데이터 기간을 얼마로 설정하느냐에 따라 결과가 수시로 변했기 때문에, 유의미한 검증이라고 하기 어렵다는 결론에 이르렀다.

미스터 마켓이 만들어낸 저평가 기업을 찾는 공식인 만큼, 저자의 주장대로 1년의 기간을 두고 리밸런싱을 하는 것이 합리적이라 판단한다. 조급하게 결과를 만들려고 해서는 안 된다.

수익이 나지 않는 해도 있다는 점을 고려하라

경험이 많지 않은 투자자일수록 투자 서적에서 저자들이 열심히 설명한 내용이 항상 실현되지 않는다는 것에 크게 실망감을 느끼게 된다. 그런데 세상 모든 일에 항상 성공의 탄탄대로만 있는 것은 아니다. 그래서 인생, 공부, 사업의 성공을 이야기하는 책에는 반드시 어려운 시기를 현명하게 건너는 법이 나와 있게 마련이다.

마법공식도 통하지 않을 때가 있다고 저자는 먼저 이야기하고 있다. 이는 두 가지 경우인데, 첫째 1년 단위로 리밸런싱한 계좌가 상당 기간 시장 대비 저조한 수익률을 나타내는 것을 고통스럽게 지켜봐야 한다는 점으로 이는 결코 쉬운 일이 아니라는 것이다. 다른 사람들은 당장 시장의 인기 주식을 매매해서 빠른 시간에 큰 수익을 내는데, 벌벌 기는 계좌를 들여다보며 엄청난 불안감과 맞서야 한다는 것이다. 둘째 힘들게 기다렸는데, 연간 수익률이 저조한 경우에도 마법 공식에 따라 다른 종목으로 리밸런싱을 해야 한다는 것이다.

하지만 이를 묵묵히 실천하면 괄목할 만한 성과를 기대할 수 있게 된다고 강조하고 있다. 물론 이는 말처럼 쉬운 일은 아니다. 1년 중 수익이 나지 않는 몇 개월 정도는 견딘다 해도, 그해에 아예 수익이 발생하지 않고, 다음 해나 그 이듬해에도 수익이 나지 않는다면 과연 이 방식을 계속 유지할 수 있을까?

　마법공식은 공식을 이해하는 것보다, 이를 성실히 지켜가는 것이 훨씬 어렵다. 단기적 성과보다는 장기적 성과를 기대하면서 투자해야 하기 때문이다. 시장이 합리적이지는 않은 순간이 오고, 이때 저평가된 기회를 찾아서 이 방식을 믿고 장기간 투자하면, 일시적인 손해를 넘어서는 큰 수익을 볼 수 있다는 점을 저자는 강조한다. 저자 스스로 그간의 놀라운 수익률로 몸소 증명한 사실이다.

BOOK.9
워렌 버핏처럼 가치평가 활용하는 법

《 *The Conscious Investor* 》

존 프라이스(John Price) 지음 | 김상우 옮김 | 부크온

투자 대가들의 성공 공식,
가치평가 방법론을
알려주는 깊이 있는
개론서이자 분석서

Why this Book?

#그레이엄, 록펠러, 피터 린치, 워런 버핏의 방법론 #심오한 연구서
#내재가치, 안전마진, 기대수익률 #금융과 수학
#시장을 보는 눈을 길러주는 책 #초보부터 전문가까지

KEY INTRODUCTION
가치투자를 위한 본격 분석서

주식투자에서 가치평가를 할 수 있는 다양한 방법론을 정통 이론으로 공부하고 싶다면 꼭 봐야 하는 책이다. 여러 책에서 단편적으로 언급하는 가치평가 방법론을 수학적 전문성을 덧붙여 설명함과 동시에, 다양한 사례를 들어서 어떻게 매매에 적용해야 하는지 상세히 설명하고 있다.

READING POINT
기업가치 평가 방법은 놀랍도록 다양하다

"워런 버핏과 찰리 멍거가 같은 기업을 분석해도, 둘이 계산한 내재가치는 서로 약간은 다르게 마련이다." 워런 버핏의 유명한 말인데, 이에 놀라는 투자자도 있을 것이다. 즉 기업가치를 평가하는 방법은 그만큼 다양하다는 것이다.

　이 책은 투자업계에서 검증되어 사용하는 기업가치 평가법 다수를 구체적으로 다룬다. 이 책의 의미는 보편적인 투자서와 달리, 대학 과정에서 볼 수 있는 전문적이고 깊이 있는 가치 평가 방법의 내용과 수학적 메커니즘을 알 수 있게 해준다는 점이다. 따라서 전문적인 평가 방법에 대한 정확한 내용과 사용법을 익히는 데 매우 유용하게 활용이 된다.

장부가를 이용한 가치평가

흔히 PBR이라고 알려진 방법으로 장부가를 통해 가치평가를 하는 방법이다. 계산법은 '자본총계(자기자본)/발행주식 수'이며, 여기서 장부가란 기업가치의 경제적 지표라기보다는 회계적 지표에 속한다. 이때 특허권, 상표권, 브랜드가치 등은 재무제표에 기록되지 않으므로, 여기 포함되지 않는다. 따라서 첨단 기술기업보다는 전통 제조기업의 가치평가에 더 적합하다.

한편, 투자자라면 장부가치와 달리 청산가치에 주목해야 한다. 재고자산이나 유형자산이 많다면, 기업 청산 시 장부가를 제대로 인정받지 못한다는 것을 고려해야 한다. 그러므로 할인율(재고자산이라면 약 60%)을 적용해야 하는데, 벤저민 그레이엄이 바로 이 청산가치에 주목했다는 것을 알아야 한다.

기업의 미래가치를 측정하는 현금흐름 할인법

3단계에 걸친 방법론이다. 첫째 이익, 잉여현금흐름, 배당금 등의 미래가치를 추산한다. 둘째 이를 현재가치로 할인한다. 셋째 각각의 현재가치를 모두 더한다. 이를 '현금흐름할인 DCF, Discounted Cash Flow 공식'이라고 하는데, 이를 계산하려면 다음 3가지 질문에 답해야 한다.

① 한 기업으로부터 취할 수 있는 현금이 얼마나 되는가?
: 잉여현금흐름

② 이 현금이 얼마나 빨리, 얼마나 오래 증가할 것인가?
: 영구적으로 일정 비율로 증가한다고 가정

③ 어떤 할인율을 사용해야 하는가?
: 무위험 이자율 적용

잉여현금흐름 대신 배당금을 사용하는 '배당할인모형'도 있다. 이 경우 기업의 내재가치는 존속기간 동안 지급할 모든 배당금의 현재가치로 산출된다.

투자금을 회수하는 데 걸리는 기간을 계산해 가치를 측정하는 회수기간 계산법도 있다. 연리 10% 채권에 100만 원을 투자했다면, 원금 회수기간은 10년이다. 이는 ROE와 PER을 사용해 측정한 결과치이기도 한데, 이들이 나타내는 숫자를 직관적으로 자본 회수기간으로 본다.

현재 진행형인 기업평가의 다양한 시도를 망라

이 책은 재무제표를 통해서 기업가치를 평가하는 이론적 방법론을 두루 익히는 데 매우 도움이 된다. 다소 복잡한 수식이 나오지만, 탄탄한 기본기를 익히기에 좋다. 하지만 기업의 형태가 빠르게 다양화하면서, 기존 가치평가 방법의 한계를 극복하는 새로운 방법론을 찾으려는 노력도 진행 중이라는 것도 고려해야 한다.

투자자는 왜 기업가치를 측정하고자 할까? 기업가치와 주가 사이의 격차를 이용해 돈을 버는 방법을 터득하기 위함이다. 투자자의 강력한 니즈가 명확한데도 시중에서 기업가치 측정법을 구체적으로 다룬 책을 찾기가 쉽지 않다. 기업은 생물처럼 끊임없이 앞으로 나아가기에, 기업가치 평가법 역시 달라질 수밖에 없기 때문이다. 기업가치를 측정하는 시점과 목적에 따라 평가법이 달라져야 하고, 그러기에 정형화하기도 어렵다. 투자자라면 기업의 변화에 따라서 가치 평가법을 적절하게 변형해야 하는 영원한 숙제가 부여되었다는 점을 인식할 필요가 있다.

이 책은 국내에 두 권으로 번역되었는데, 이 책은 비교적 초보자용이고, 좀 더 심화한 버전은 《투자 대가들의 가치평가 활용법》이라고 번역자는 밝히고 있다.

BOOK.10
경제적 해자

《The Little Book that Builds Wealth》

팻 도시(Pat Dorsey) 지음 | 전광수 옮김 | 북스토리

경기 변동 속에서
굳건하게 고수익을 내는
최강의 기업을
발굴하고 투자하는 법

Why this Book?

#부자들의 주식투자 공식 #가짜 경쟁력 vs. 진짜 생존력
#어려울 때 진가를 발휘하는 기업의 특징 #주식 발굴과 매매
#투자정보회사 모닝스타 인기 콘텐츠 #출퇴근길에 읽는 기본서

KEY INTRODUCTION

투자 세계에 해자의 개념을 도입한 책

경제적 해자economic moat라는 비유적인 표현을 통해 투자 판단에 매우 필요한 핵심적인 인사이트를 제공한다. 이 책은 '경제적 해자'의 개념을 정리해서 투자 분석의 세계로 가져온 유일한 책이라는 데 의미가 있다. 특히 경제적 해자에 긍정적인 것뿐 아니라, 무너지는 것이나 가짜가 있다는 날카로운 분석은 저자만의 혜안을 잘 드러낸다.

READING POINT

승산 있는 싸움을 만드는 투자 방법론

아무 장벽이 없는 평야에서 공격과 수비가 맞붙으면 수비 쪽이 훨씬 불리하다. 공격은 수비를 격파하고자 하는 목적이 있기 때문이다. 승산이 없는 싸움이라면 애초에 시작하지 않기 때문이다.

중세 유럽에서는 견고한 성을 쌓은 다음 주위에 구덩이를 파고 물을 채워서 적이 쉽게 공격하기 어렵게 했다. 설령 성이 평지에 있어도 웅덩이를 건너야만 공격할 수 있기에 안정성이 높아진다. 성 주위의 웅덩이가 바로 해자垓字다.

이 책에서 해자는 치열한 경쟁을 하는 기업 간 공격과 수비의 개념으로 활용된다. 즉 경제적 해자란 '자금력과 순발력을 갖춘 신규 진입자가 우리 회사의 영역에 발을 들여놓지 못하게 하는 무엇'으로서 경쟁자가 쉽게 넘보기 힘든 기업만의 독특한 장점이라 할 수 있다.

해자가 언제까지 무적일 수는 없지만, 그렇다고 쉽게 무너져서도 안 된다. 쉽게 무너진다면 해자가 될 수 없다.

기업의 생존과 승리를 보장하는 해자란 무엇인가?

특정 기업에 해자가 있는지 알려면, 그들이 가진 우수한 '무엇', 그리고 그를 통해 만드는 '높은 매출과 영업이익'을 확인해야 한다. 해자가 되려면 이러한 것들이 경쟁자와 비교해 월등한 우위를 보여야만 한다.

그런데 해자는 흔히 생각하는 것보다 훨씬 다양하고 복잡하기에, 때로는 해자로 오인해 혼란이 생기기도 한다.

① **무형자산**: 브랜드, 특허, 라이선스 등이다. 그런데 유명 브랜드라고 해서 무조건 경제적 해자가 있다고 봐야 할까?
경제적 해자는 반드시 높은 매출·영업이익과 연결되어야 한다.

그러므로 단순히 브랜드가 유명한 데 그치지 않고, 그로 인해 경쟁사의 동일 상품보다 높은 가격을 받을 수 있어야 한다.

해자가 될 만한 무형자산 중 '특허'는 제약, 바이오 기업 등에서 발휘되며, '라이선스(인가, 승인)'는 님비 현상 때문에 독점적 권한이 주어지는 폐기물처리 기업 등에 유리하다.

② **전환비용**: A기업에서 B기업으로 거래처를 바꿀 때 얻는 이익보다 비용이 클 때 생겨난다. 과거에는 주거래 은행을 바꾸기 귀찮다는 이유로 소비자가 금리 차이에도 기존 거래를 유지했지만, 클릭 몇 번으로 모든 게 해결되는 지금은 작은 금리 차이에도 쉽사리 거래 은행을 바꾼다. 과거에 은행업의 전환비용이 높았다면 이제는 그 해자가 무너진 것이다.

소프트웨어 프로그램 등도 대표적인 전환비용 해자의 유형이다. 기존 프로그램에 익숙하면 새 프로그램으로 전환하는 게 쉽지 않으므로, 나름의 경제적 해자를 형성한다.

③ **네트워크 효과**: 자연히 독점적 지위를 누리게 만들어준다. 우리 휴대전화에서 카카오톡 앱을 지울 수 있을까? 기업이라면 마이크로소프트 프로그램 없이 업무가 거의 불가능하다.

이 효과는 자본보다 정보나 지식의 이동에 근거한 사업에서 흔히 볼 수 있으며, 네트워크 효과는 절대적인 크기보다는 '증가 속도가 빠른 것'이 특징이다.

④ **원가우위**: 경쟁사보다 원가가 낮다면 활용할 전략이 많다. 가격

할인 등을 적절하게 구사할 수 있다.

⑤ 규모의 우위: 무조건 크다고 능사는 아니다. '경쟁사와 비교한 상대적 크기'가 훨씬 중요하다. 일례로 쿠팡의 새벽배송은 경쟁자보다 높은 이익을 창출하게 해준다. 한편, 틈새시장에 이미 자리 잡아 독점적 지위를 누리는 작은 기업도 여기 해당하는데, 시장 규모가 작다면 다른 거대기업이 비용을 들여가며 이 시장에 들어올 가능성이 적어지기 때문이다.

경제적 해자로 보이는 가짜도 있다는 걸 잊지 말자

저자가 '실체가 없는 해자'라고 명명한 가짜 해자도 있다. 뛰어난 제품, 높은 시장점유율, 운영 효율성, 우수한 경영진 등이 그것이다. 얼핏 보면 기업의 우수성을 나타내는 중요한 요소로 보이지만, 장기적으로 비교우위를 만드는 요소가 될 수 없다.

해자는 개별 기업뿐 아니라 특정 산업에도 존재한다. IT, 제약 바이오 등에서는 강한 해자가 비교적 오래 유지되지만, 가격 경쟁에만 의존하는 산업에는 해자가 없다고 봐야 한다.

이 책에서 매우 중요한 또 한 가지 핵심이 있다. 해자가 있는 기업이라고 해서 덜컥 매수해서는 안 된다는 것으로, 좋은 기업을 '싸게' 사야지, 무조건 사서는 곤란하다. 강력한 해자가 있는 기업이라도 가치평가를 통해 적절한 가격에 사야 한다. 언제나 투기가 아닌 투자를 해야 한다.

STRATEGIC BOOKS

Chapter 3

성공하는 투자전략서
_상황과 조건에 적합한 투자전략

당신이 가진 자금의 규모, 투자에 투여할 수 있는 시간과 정신적 여유, 투자 유형과 지향하는 수익률 등에 따라서 어떤 투자전략이 적합한지 알려주는 책들을 만나보자. 역사상 검증된 안전하면서도 수익이 보장되는 다양한 투자전략을 섭렵하고, 그에 따라 자신에게 맞는 전략을 취사선택할 수 있을 것이다.

BOOK.11

내러티브 앤 넘버스

《Narrative and Numbers》

어스워스 다모다란(Aswath Damodran) 지음 | 조성숙 옮김 | 한빛비즈

기업가치는
숫자와 스토리의 결합으로 만들어진다
현대적 가치평가를 다룬
다모다란 교수의 역작

Why this Book?

#가치평가의 최고권위자 #숫자 중심 vs. 스토리 중심 기업평가
#뉴욕대 MBA 다모다란 교수의 베스트셀러 #위대한 기업의 조건
#투자와 관심을 모으는 스타트업의 비결 #넘버크런처와 스토리텔러

KEY INTRODUCTION

인문학적 만족감을 주는 투자 개론서

투자는 이야기와 숫자가 서로 맞물려 이루어지며, 이들의 역할과 시사점은 각기 다르다. 투자자라면 이를 통합적으로 조망함으로써 투자에 적용하는 방법을 터득해야 한다. 제목부터 투자서라는 느낌을 풍기지 않는 책이지만, 비즈니스 세계에서 스토리와 숫자가 만들어가는 기업가치에 대한 풍부한 사례와 혜안이 돋보인다.

READING POINT

사람들은 어떤 기업에 투자하고 싶어 하는가?

'A기업은 경쟁사 대비 기술이 월등히 뛰어난 제품을 개발해서 세계시장 진출을 위해 여러모로 노력하고 있다!'

'A기업은 매출이 전년 대비 20%, 영업이익은 무려 50% 성장했다!'

투자자라면 어느 설명에 더 설득될까? 이를 다르게 표현하면, 이야기와 숫자 중 어느 것에 더 중점을 두고 투자 지표로 삼고 있는가에 대한 질문이다. 저자는 스토리텔링(이야기)와 넘버크런치(숫자) 양측의 관점을 대변하면서, 투자자들의 고민을 함께 풀어간다.

우리는 스토리텔링와 넘버크런치,
두 부족에 속한다

인류 역사상 이야기는 사람들의 마음을 사로잡아왔다. 그런데 이를 기업가치와 연관해서 적용하려면 새로운 접근방식이 필요하다. 단순히 좋다 혹은 좋아진다는 말로는 투자자의 마음을 끌 수 없다. 설득력 있는 이야기에는 몇 가지 조건이 필요하다. 기업가 스스로 자기 비즈니스와 자신에 대해 알아야 하며, 다양한 청중(투자자, 직원, 고객)에 맞춰 이야기를 변형할 줄 알아야 한다. 이때 구체적이면서도 사실대로 말해야 한다. 진심이 담겨야 힘이 있으며, 때로는 수많은 말보다 하나의 행동이 더 큰 것을 표현하기도 한다. 반면 숫자가 가지는 힘은 정밀하고 객관적이며 통제적이라는 특징을 가진다.

숫자와 내러티브 간의
유기적인 관계를 구축하라

효과적인 비즈니스 내러티브는 단순하며 신뢰성이 있고 영감을 주면서 행동으로 이어져야 한다. 투자자라면 유창한 내러티브 이면의 실상을 검증하는 노력을 기울여야 한다. 예를 들어 해당 기업의 사업 규모가 전체 시장의 규모를 넘어서고 있는지, 또는 해당 사업의 실행 가능성은 어느 정도인지 가늠해 봐야 하는 것이다.

① 내러티브에서 숫자로: 기업의 내러티브를 분석해 숫자로 변형시킨다. 즉 정성적 내용을 정량적으로 변형하는 작업으로, 스토리를 재무제표의 다양한 추정치로 연결하는 것이다. 성장에 따른 매출 등 가치의 변화와 기존자산에서 나오는 현금흐름을 어떻게 적절하게 연결하느냐 등을 잘 이해해야 한다.

② 숫자에서 가치로: 추정된 숫자를 바탕으로 가치를 평가하는 단계로 이는 추정치 숫자의 정교함을 검증한다. 재무 데이터에 금리나 환율 등의 영향을 더해 기업가치를 측정한다.

③ 뉴스와 내러티브: 기업이 처한 글로벌 환경, 다양한 뉴스는 내러티브를 변화시키는 중요한 요소로 기업가치나 투자에도 영향을 미친다. 따라서 이들 각 요소에 대한 고민이 필요하다.

기업의 생애주기에 따라서
투자자가 주목할 사항

기업의 생애주기 life-cycle에 따라서 내러티브와 숫자의 가치 비중은 달라진다. 초반에는 내러티브가 중요하지만, 어느 정도 성장하면 숫자가 내러티브를 이끌게 된다. 투자자라면 이를 직관적으로 이해해야 한다.

　기업의 출발과 쇠락을 6단계로 나누면, 내러티브와 숫자가 적용되는 시점이 명확하게 드러난다. 1단계 스타트업과 2단계 유년기에는 기업이 성장할 수 있는 스토리가 더 중요하게 작용한다. 고성장의 3단계와 성숙기의 4단계에서는 숫자의 힘이 확인되어야 한다. 기업을 탄생시킨 내러티브가 숫자로 검증이 되는 것이 기업의 생애인 것이다. 성숙기인 5단계와 쇠락의 6단계는 새로운 도전 여하에 따라 비관과 낙관이라는 두 이야기가 혼재한다. 투자자는 기업의 생애주기에 따른 투자 포인트를 잘 설정하고 활용해야 한다.

BOOK.12
투자의 기술

김준송 지음 | 연합인포맥스

세계적 투자은행의
전문 트레이더들처럼
생각하고 분석하고
투자하는 법을 배운다

Why this Book?

#글로벌 IB 7개에서의 30년 경험담 #성공한 투자가들의 비법
#펀드매니저, 트레이더, 금융기관 종사자 #시장이해+위험관리
#IB는 무슨 일을 하는가? #선물, 환율, 스왑 등 다양한 투자상품 이해

KEY INTRODUCTION

투자의 세계관을 확장하게 하는 책

투자의 세계에는 다양한 분야의 투자법이 존재하고, 이들은 서로 상관이 없어 보여도 보이지 않게 관계를 맺고 있다. 따라서 다양한 투자업계의 상황을 아는 것은 투자에 많은 도움이 된다. 특히 한국은 글로벌 투자자의 영향력이 매우 크므로 그들의 행태를 아는 것이 중요한데, 그들의 세계에서 일한 저자의 이야기가 매우 흥미롭게 다가온다.

READING POINT

어려운 공식 없이 현장의 숨소리를 전한다

주식시장, 더 나아가 파생, 채권, 기관, 외국인 투자자 등 다양한 환경에서 근무하면서 의사결정을 내리는 이들의 이야기를 알면, 투자에 도움이 된다. 투자시장은 다양한 매매 주체들이 자기 이익 극대화를 위해 싸우는 곳으로, 이들의 투자 판단과 행동이 곧 내 계좌의 수익률에 영향을 미치기 때문이다. 글로벌 IB_{Investment Bank} 출신의 저자는 매 순간 글로벌 투자자들이 어떤 의사결정을 내리는지 생생하게 묘사한다. 즉 자신의 무용담만으로 채워진 책이 아니다.

이 책이 개인투자자에게 중요한 이유는 크게 두 가지다.

① IB들의 실생활, 즉 그들의 구조와 의사결정 과정을 상세히 알 수 있다.
② 경험을 바탕으로 개인투자자들도 IB처럼 높은 이익을 거둘 수 있는 구체적인 방법을 제시한다.

우리 증시에서 큰 역할을 하는 외국인 투자자 상당수는 글로벌 IB이다. 이들이 어떻게 움직이는지 알아가 보자.

IB는 어떻게 생각하고 분석하며 행동하는가?

IB란 투자나 매매, 관련된 수수료 등을 수입원으로 하는 업무 전체를 지칭한다. 이들은 개인투자자가 뛰어든 주식시장에서 함께 움직이지만, 같은 점과 다른 점이 있다.

이들은 우선 혼자 모든 자료를 찾고 연구해야 하는 개인투자자와 달리 리서치의 보조를 받는다. 또한 자신이 하는 일과 관련해 어떠한 리스크가 있는지 사전에 명확히 정의하고 정리하고, 해당 리스크에 대해 한도를 설정한다. 견딜 수 있는 최대, 예를 들어 매매의 최대 손실한도 등을 미리 정한다.

또한 목표수익과 손실한도에 따른 투자금액에 대한 포트폴리오 구성 등 기본 절차를 밟아 가면서 계획을 수립하여 운용하게 된다.

개인투자자도 IB처럼 체계적으로 투자할 수 있다

개인투자자가 IB처럼 투자하려면, 여러 부서가 나누어서 하는 일을 혼자 처리하고 결정해야 한다. 크게 4단계 절차를 거치면 전문성을 높일 수 있다.

① 어떤 리스크를 질 것인가를 결정한다: 투자를 시작하기 전, 구체적인 내용을 결정하는 단계다. 어떤 상품에 투자할 것인가, 레버리지 사용 여부, 가격의 방향 위험과 변동성 위험 등 리스크 범주 등이다. 어렵게 들릴지 모르지만, 차분히 생각하면서 투자 대상(국내 주식, 해외 주식, ETF…)이나 방법 등을 다각도에서 미리 검토하는 것이다. 이때 매매에서 생겨날 다양한 위험에 대해 알고 있는지 확인하고, 매매에 적합한 시스템을 확보하고 자신의 강점과 약점을 고려하는 등 투자를 계획하는 것이다.

② 트레이딩의 특성을 정한다: 자금과 레버리지 간 적절성을 고려하는 단계다. 혼자 매매하고 그 결과에 책임을 져야 하므로, 자신의 관리 능력에 대한 점검도 같이 해야 한다.

③ '얼마나 벌고 싶은지'와 그를 위한 '리스크 한도'를 정한다: 자신이 벌고 싶은 액수(목표수익)를 정하고, 트레이딩의 특성을 고려해 합당한 손실한도를 정한 다음, 시장 변동성을 고려해 투자금액 한도를 정한다. 중요한 것은 한번 정한 '거래한도'를 철저히 지키는 것이다.

④ 운영상의 문제점은 없는지 살펴본다: ①~③단계를 실행하는 과정에서 생각지 못한 문제점이 발생하진 않았는지 점검한다.

시장의 위험, 즉 변동성에 대한 이해는 필수적이다

IB처럼 실전투자를 하려면 먼저 포지션position에 대해 이해해야 한다. IB가 사용하는 포지션이란 '시장 가격이 변동했을 때 나의 손익이 어떻게 변동하는지를 판단하는 개념'으로서, 시장의 변화에도 내 손익에 변화가 없는 경우 '포지션이 없다.'라고 표현한다. 즉 주식의 보유가 포지션을 가지고 있다는 뜻이 아니라는 것이다.

　이 개념은 개인투자자에게 상당히 낯설지만 매우 중요하다. 글로벌 IB는 주요 변수들이 시시각각 자신의 손익에 영향을 주는지, 즉 포지션 여하에 따라 매매를 하거나 하지 않는다는 것을 이해해야 한다. 금리, 환율 등의 변화에 따라 급작스럽게 이루어지다가 잠

잠해지는 외국인들의 매매를 이해하는 출발점이 된다. IB에게 있어 포지션이란 리스크 관리와 결합된 트레이딩의 출발점이다.

개인투자자도 시스템적으로 투자하라는 따뜻한 조언

저자는 이제 개인투자자도 다양한 투자 기회가 존재하는 글로벌 시장의 투자상품으로 영역을 확장해야 한다고 주장한다. 그러기 위해서는 투자시장에 대한 정확한 이해와 더불어 투자의 특성을 정확하게 이해하는 데 방점을 두고 학습해야 한다고 강조한다.

개인투자자라면 투자와 투기를 구분하고 공포와 탐욕 등 투자자가 겪는 심리를 관리하는 방법도 알아야 한다. 여기서 이 책의 진실성이 느껴진다. 일부 투자서는 투자이론에 대해서는 잘 정리되었어도, 개인투자자가 실전투자에서 부딪칠 문제에 대처하는 법은 생략된 경우가 많다. 개인투자자들이 실제로 궁금한 것은 이론이 아니며, 실전에서 부딪치는 문제점을 해결하는 방법을 제시해 주기를 바라고 있기 때문이다. 그러한 점에서 글로벌IB로서 치열하게 살아온 저자의 조언이 매우 따뜻하게 다가온다.

BOOK.13

내 돈을 지키는 안전한 투자법

《 *Value Averaging* 》

마이클 에들슨(Michael E. Edleson) 지음 | 안세민 옮김 | 국일증권경제연구소

주식시장의 리스크와
수익률의 상관관계를
분석함으로써
최적의 안전 투자전략을 도출하다

Why this Book?

#적립식 이유인 코스트애버리징 #적립식투자의 수익률과 안정성 분석

#투자목표와 투자금액 조절하는 법 #DCA에서 VA로 발전

#인플레이션, 세금, 시장에 대처하는 법 #현실적 투자전략

KEY INTRODUCTION
적립식투자의 최적 공식을 제시한 책

적립식투자를 선호하는 투자자도 상당히 많은데, 이 책은 적립식투자의 효용성을 뒷받침하는 적절한 이론을 제시한다. 일반적으로 잘 알려진 정액 적립식과 더불어 가치 적립식 방법론도 제시한다. 적립식투자에 관심이 있는 개인투자자라면 이 책에 나온 해당 이론을 읽어보고 자신에게 맞는 방식을 찾아보기를 권한다.

READING POINT
무작정 일정 금액을 투자하는 것으론 부족하다

적립식투자는 투자자들 사이에서 기본적인 투자법으로 인식되고 있지만, 정확하게 어떻게 하는 것이 좋은지 구체적인 방법과 내용은 잘 모르는 경우가 많다. 이 책은 적립식투자의 필요성과 장점, 다양한 방법을 구체적으로 설명한다.

적립식투자가 강조되는 이유는 주식시장에서 필연적으로 발생하는 리스크와 정확한 매매 타이밍 포착이 불가능하다는 전제에서 출발한다. 적립식투자로 소위 대박을 맞을 확률은 지극히 낮지만, 적절한 이익을 거둘 좋은 방법임에는 분명하다.

적립식투자가
효과를 발휘하는 이유

코스트 애버리징 효과DCA, Dollar Cost Averaging는 경기 사이클이나 주가의 변동성을 이용해 평균 매입단가를 낮추는 것을 가리킨다. 기본적으로 변동성을 가지는 주식의 상승과 하락에도 꾸준히 적립식투자를 하면, 평균 매입단가가 낮아지게 된다. 미래 예측이 어려운 환경에서 꾸준한 투자로 수익을 극대화하므로, 적립식투자의 장점으로 인식된다.

적립식투자의 이론적 기반은 '평균회귀 법칙'에 있다. 따라서 적립식투자는 특정 시점에 국한하기보다 가급적 하나의 경기 사이클에 걸쳐 이루어지는 것이 좋다. 만약 경기 고점에 투자를 시작했다고 해도 결국 코스트 애버리징 효과에 의해 계좌에 수익이 발생하기 때문이다.

정액적립식 vs 가치적립식

정액적립식은 매월 일정액을 균등하게 투자하는 방법이다. 그런데 여기서 더 발전된 개념이 있는데, 바로 가치적립식이다. 다소 생소하겠지만, 매달 투자금의 '가치'에 방점을 찍어서 투자를 하는 방식이다. 가치는 주가 변동에 따라 변화하는데, 그에 따라 투자액이 늘거나 줄게 된다. 주가가 급등하면 매도해서 수익을 챙기고, 반대로 주가가 급락하면 평소보다 많은 금액을 투자함으로써 반등 시 이익을 더 높인다. 다음 도표를 보면 이해가 쉬울 것이다.

	주가	정액적립식	평가액	가치적립식	평가액
1월	5만 원	20만 원	100만 원	20만 원	100만 원
2월	4만 원	20만 원	180만 원	30만 원	200만 원
3월	6만 원	20만 원	200만 원	-	300만 원
4월	5만 원	20만 원	220만 원	30만 원	400만 원
5월	7만 원	20만 원	240만 원	-10만 원	500만 원
6월	3만 원	20만 원	200만 원	130만 원	600만 원

① 정액적립식(매월 일정액을 균등 납입)의 경우 총 투자금 120만 원에 총수익이 80만 원으로 수익률은 약 66%다.

② 가치적립식(시장상황에 따라 차등액을 납입하거나 매도)의 경우 총 투자금 200만 원에 총수익이 400만 원으로 수익률은 약 200%에 달한다.

안정성을 높이고 수익률은 높이는 변형된 투자전략

가치적립식 투자에서 이익이 났어도 주식을 매도하지 않을 수 있다. 매도 대신 납입 금액이나 시기만 조절하는 것이다. 그만큼 신경은 덜 쓰이게 된다. 하지만 이를 시뮬레이션하면 매도했을 때보다는 수익률이 줄어드는 걸 알 수 있다. 주가 하락 시 수익률 방어가 되지 않기 때문이다. 그렇다고 이 방법이 나쁜 것은 아니다. 지속적인 상승 구간에서는 유리하므로, 투자자의 성향과 상황에 따라 선택하면 된다.

정액적립식을 장기로 유지하면서 인플레이션 등을 고려해 투자액(정액)을 높여가는 방법도 있다. 적립식투자는 한 가지만 있는 게 아니며, 기본 개념에 다양한 변형을 구사할 수 있다.

사회 초년생에게 유리한 주식 적립식투자

주식 적립식은 특정 주식을 매달 계속 사는 것이다. 당장 목돈이 없는 사회 초년생에게 유리할 수 있다. 한편, 이 경우에는 가치적립식 방식이 더 유리할 수도 있다. 펀드나 주식에 적립식투자를 하기에는 매월 정기적인 현금흐름이 창출되는 사람, 즉 직장인이 적합하다.

목적자금(주택자금, 학자금)을 마련하는 방법으로도 요긴하다. 그렇다고 사회 초년생이 여유자금 100%를 적립식투자에 투여하는 것은 곤란하다. 주식시장에는 개별 종목과 시장에 대한 리스크(시장 전체가 하락)가 늘 존재하기 때문에, 여유자금은 은행 적금 등과 적절히 나누어 활용하는 것이 좋다.

적립식투자는 주기적으로 해야 한다. 주가가 계속 내린다고 해서 투자를 건너뛰면 코스트 애버리징 효과를 기대할 수 없다. 목적자금 마련을 위해 3~5년 투자한다면, 도중에 목표수익률이 달성되면 투자를 멈추고 계좌를 해지하는 것도 하나의 방법이다. 목표를 이룬 후 다시 주가가 하락하면 낭패이기 때문이다. 목적자금은 정해진 시간에 반드시 있어야 하는 자금을 말한다.

BOOK.14

모든 주식을 소유하라

《The Little Book of Common Sense Investing》

존 보글(John C. Bogle) 지음 | 이은주 옮김 | 비즈니스맵

시장과 시간으로부터
검증받은 투자전략
안정적인 인덱스펀드 법칙의
효력을 배운다

Why this Book?

#기본과 상식에 충실한 투자 #단순함이 이긴다
#벤저민 그레이엄과 워런 버핏의 핵심전략 #자산배분의 원칙
#인덱스펀드 최초 개발자의 주장과 근거 #뱅가드 그룹의 신조

KEY INTRODUCTION

절대 잃지 않는 단 하나의 투자법

종합지수를 추종하는 인덱스펀드의 대중화에 이바지한 책이다. 특히 펀드에 들어가는 각종 비용과 세금이 장기수익률에 얼마나 큰 문제를 초래할 수 있는지 의문을 제시한 책이기도 하다. 이 책이 발간된 이후 펀드업계와 투자자들의 투자 행태가 많이 바뀌었다.

READING POINT

투자자가 잊어서는 안 되는 기본 원칙

주식투자의 기본은 매출과 이익이 장기적으로 성장하는 기업에 자금을 제공함으로써, 그들의 성과를 같이 나누는 것이다. 그래서 워런 버핏을 필두로 위대한 투자자들은 '장기적으로 성장하는 우량기업과 동행하라.'라고 강조한다.

그렇다면 기업과 투자자는 어떻게 운명 공동체로 묶일 수 있을까? 특정 기업 주식을 매수하는 방법도 있지만, 가장 좋은 방법은 주식시장에 상장된 모든 주식을 지속적으로 보유하는 방법을 택하는 것이다. 이 책은 그러한 구체적 방법을 제시하는데, 바로 종합지수와 연동된 '인덱스펀드' 투자다. 이는 개별 기업을 일일이 분석하기 어려운 투자자에게 훌륭한 대안이 된다.

펀드에 투자할 때
수수료가 큰 문제가 되는 이유

펀드는 매니저의 역량에 따라 수익률이 달라지는 '액티브active 펀드', 변동성과 리스크가 적고 수익을 기대할 수 있는 '패시브passive 펀드'로 나뉜다. 인덱스펀드는 대표적인 패시브 펀드다. 각기 장·단점이 있으므로 투자자의 환경과 성향에 따라 선택하면 된다.

그런데 투자자들은 펀드를 결정할 때 '수익률'에만 신경 쓴 나머지 리스크와 변동성은 간과하는 경우가 많다. 그러나 장기적으로 안정적인 수익률을 기대하려면, 이를 철저하게 따져야 한다. 저자는 투자자가 펀드별 특성을 구분하여 판단하기 어렵다면 인덱스펀드에 투자하는 것이 좋다고 주장한다.

한편 저자는 펀드매니저의 역할이 거의 필요 없는 인덱스펀드 수수료가 너무 높다고 문제를 제기했다(당시 대다수가 당연하다고 여긴 것에 불편함을 느꼈기에, 감수성이 풍부하다고 보는 시각도 있다). 그가 이의를 제기하기 전까지 펀드에 지불하는 수수료는 수익을 위한 사소한 비용 정도로 여겨 당연시되었지만, 저자는 아주 작은 수수료 격차조차 펀드의 장기수익률에 큰 변화를 준다는 것을 검증했다.

이전까지 수수료에 대한 이견이 없던 이유는 크게 세 가지다.
① 시장 수익률이 높기에 무시해도 된다고 생각했다.
② 단기수익에 초점을 맞추면 수수료의 비중은 매우 낮다.
③ 겉으로 드러나지 않는 비용이 엄연히 존재한다.

그런데 장기투자가 되면 수수료는 '복리의 마술'에 의해 투자자에게 상당한 타격을 입히게 된다. 비용이 부과된 복리와 그렇지 않은 복리 사이에 엄청난 격차가 생기기 때문이다. 따라서 투자자는 이를 극복할 수 있는 투자법을 찾아야 한다. 결론적으로 말하면 수수료가 투자자로 하여금 '지는 게임의 참여자'로 만들고 만다.

장기적이고 안정적인 투자에 적합한 펀드

수많은 펀드 중 우수한 수익률을 꾸준히 내는 것은 극소수이다. 한때 좋았어도 어느 순간 사라진 펀드도 상당수다. 따라서 저자는 '건초더미에서 바늘을 찾느니, 건초더미를 통째로 사는 것이 낫다.'라고 주장한다. 건초더미란 종합지수 그 자체다.

펀드의 수익률에는 '회귀법칙'이 존재한다. 즉 지나치게 올랐다면 내려가고, 너무 저조했다면 올라간다. 따라서 전문가들은 수익률이 가장 낮았던 펀드에 신규 가입하고, 가장 높은 수익을 보인 펀드는 매도하라고 권한다. 하지만 일부 금융기관은 이와 반대로 좋은 수익률을 기록한 펀드만 추천하기도 하는데, 이로 인해 펀드 투자에 대한 불만이 생겨나기도 한다. 유행하는 펀드라면 이른바 뒷북 투자가 될 가능성을 경계해야 하는 것이다.

반면 인덱스펀드는 지수를 그대로 복사해서 구성한 펀드로서, 지수의 움직임에 따라 수익률이 결정된다. 경제는 장기적으로 우상향하는 특성을 보이기에, 수익률은 상승세를 유지한다는 전제에서 출발한 개념이다. 운용의 간섭을 최소화함으로써 비용도 발생하지 않는다. 따라서 투자자의 비용 지출이 상대적으로 적다는 강점이 있다.

그렇다면 인덱스펀드 중에서도 어떤 것을 골라야 할까? 저자의 주장대로라면 수수료가 최저이고 복잡한 구조가 배제된 펀드가 좋다. 단순한 것이 복잡함을 이기기 때문이다.

한국 주식시장에서의 적용성과 시사점

우리나라에도 존 보글의 인덱스 투자전략을 추종하는 이들이 많다. 특히 2010년대 안정적이고 높은 수익률의 투자법으로 크게 인기를 끌었다. 당시 중국의 고도성장으로 인한 수혜를 한국 주식시장이 오롯이 받으면서, 소위 '차화정(자동차, 화학, 정유주)'이 주가 상승을 이끌었다. 그런데 이들은 지수 관련성이 높아 지수를 꾸준히 상승시키는 효과를 가져왔다. 오히려 개별 주식에 집중하는 투자의 수익률이 상대적으로 떨어졌다.

당시까지 한국 투자자에게 익숙한 펀드는 액티브 펀드였다. 일부가 인덱스펀드에 관심을 가지긴 했지만 비주류였고, 수수료 역시 액티브에 비해 저렴하지 않았다. 중국, 베트남 등 글로벌 펀드에 관한 관심도 높아지면서, 수수료보다는 수익률을 우선시하던 시기이기도 했다. 그런데 그런 이유로 펀드가 외면받게 된 결정적인 계기가 되었다. 판매처인 금융기관이 작년도 성과가 좋았던 액티브 펀드를 적극 추천했고, 안타깝게도 이것이 뒷북 투자로 이어지면서 오히려 투자자에게 손실을 끼쳤기 때문이다.

그 시점에 존 보글의 인덱스펀드 투자법이 국내에 도입되었다. 큰 수익률 편차와 높은 수수료로 액티브 펀드에 대한 반감이 커지면서, 투자자들의 관심이 여기로 모였다. 일부 투자자는 운용사에 존 보글 방식의 인덱스펀드를 출시하라고 적극적으로 요구했다. 하지만 이후 국내시장은 소위 '박스피'라 불리며 지수가 정체되는 현상을 보였다. 인덱스펀드의 의미가 무색해진 것이다.

안타깝지만 이 투자법은 만국 공통이 아니다. 전 세계에서 유일하게 지수가 우상향하는 미국 시장에 적합한 투자법이라 할 수 있다. 지수가 꾸준히 우상향하지 않으면 통용되지 않으므로 한국, 일본, 중국 지수에 대한 투자법으로는 적합하다고 보기 어렵다. '장기적으로 보면 결국 오르지 않을까?', '지수가 오르는 특정 시기에 투자하면 되지 않을까?' 하고 반문할 수도 있다. 그러나 이 책에는 시점을 따지는 투자하는 법에 관한 내용은 없다.

BOOK.15

나는 ETF로
돈 되는 곳에 투자한다

김수정 지음 | 경이로움

경제적으로 안정된
미래를 준비하기 위해
나에게 맞는
ETF 포트폴리오를 구축하는 법

Why this Book?

#투자성향·상황별 ETF 투자전략 #매크로 시장 분석과 세분화
#적금이나 연금 대신 ETF #국가, 산업, 테마별 ETF 분석
#인생 설계에 맞춘 ETF 전략 #주식, 채권, 원자재, 환율, 부동산 ETF

KEY INTRODUCTION

지수 추종+트렌드 반영 ETF 전략

일부 투자자는 하나의 주식을 사서 소위 대박을 노리는 경우가 있다. 하지만 그것이 성공할 확률은 지극히 낮은 것이 현실이다. 따라서 투자자들은 안정적인 수익을 위해 다양한 시도를 하는데, ETF_{Exchange Traded Fund}는 훌륭한 대안이 된다. 특정 기업을 깊게 분석하고 타이밍을 맞추는 어려운 시도를 하기보다, 지수를 추종하면서 유망산업과 관련한 종목에 집중하는 ETF 투자를 하는 편이 시간과 노력도 적게 드는 등 장점이 두드러진다. 오랫동안 ETF 관련 업무를 해온 저자의 이력과 경험을 바탕으로 매우 기본적이면서도 현실적인 조언을 담은 책이다.

READING POINT

미지의 미래에 돈 버는 분야는 어디일까?

개별 주식을 사고파는 것 외에 투자의 다양한 방법이 있다는 것은 개인투자자에게 큰 장점이다. 주식, 선물, 지수, 펀드 등 다양한 방식 중에서 투자자는 자신의 형편이나 상황에 맞는 것을 선택하면 되기 때문이다. 투자에 대한 지식이 얕고 많은 시간과 노력을 투여

하지 못하는 투자자를 위한 훌륭한 대안이 바로 ETF 투자다.

투자란 미래에 베팅하는 것이다. 하지만 문제는 누구도 미래를 알 수 없다는 것이다. 통상 개별 기업의 미래를 예측해 투자를 하게 되는데, 믿고 투자했어도 주가 변동성을 견디지 못해 중도에 포기하기도 한다. 그런 이유로 지수와 미래가치 등에 근거해 여러 선정된 종목에 투자하는 ETF가 대안이 될 수 있다. 이 책은 개인투자자가 다양한 ETF 투자로 어떻게 수익을 낼 수 있는지 친절한 길잡이 역할을 한다.

ETF란 무엇이며 무엇에 초점을 두는가?

ETF는 인덱스펀드를 거래소에 상장해, 투자자가 개별 주식처럼 편리하게 거래할 수 있도록 한 상품이다. 펀드의 장점과 언제든 시장에서 매매할 수 있는 주식의 장점을 합친 것으로, 인덱스펀드와 주식을 합한 것이라고 보면 된다. 지수를 추종하는 ETF 외에도 배당주나 가치주 등 다양한 스타일을 추종하는 ETF가 다수 상장되어 있다.

ETF가 빛을 발하는 순간은 세 가지 경우다.

① 주식시장에 해소되지 않은 리스크가 남아 있고 경제가 좋지 않을 때

② 장기적으로 투자하고자 할 때
③ 새로운 기술이 등장해 어떤 기업이 승자가 될지 미지수일 때

한마디로 미래가 불확실할 때가 바로 ETF 투자의 적기인 셈이다. 향후 미래는 긍정적이지만 시점과 주인공들을 짚어내기 어려울 때 장기적인 관점으로 투자함으로써 과실을 얻고자 한다는 전제가 내포된 전략이다.

ETF의 장단점과 투자 시 체크해야 할 사항

ETF의 대표적인 장점은 다양한 상품에 접근성이 쉽고 투자 내용을 실시간 볼 수 있으며 비용도 저렴하다는 것이다. 단점은 호가 공백으로 인한 유동성 문제와 글로벌 ETF의 경우 시차에 따른 괴리율 등이다.

ETF는 다양한 분야와 섹터에 투자가 가능하다. 그렇다면 어떤 기준으로 골라야 할까? ETF 선택의 기본은 '탑다운' 방식이다. 매크로Macro 분석 즉 시장의 거시적 상황을 먼저 살펴본 다음, 경제 상황에 맞는 ETF 분야를 정하고 그중에서도 유망한 섹터를 고르는 것이기 때문에 ETF 투자에서도 거시적인 안목이 필요한 이유다. 큰 그림을 그리고 투자를 시작하면 작은 변동성에 일일이 대응하지 않아도 되므로, 바쁜 직장인 투자자에게 ETF 투자가 권장된다.

국가별 시장의 현황에 따라
선택할 수 있는 글로벌 ETF

ETF 투자의 장점은 특별한 노력 없이 글로벌 투자도 손쉽게 가능하다는 것이다.

글로벌 증시는 한국과 다른 양상을 보이기도 하며, 산업이나 발전 추이를 활용한 투자가 가능하다. 선진국 시장인 미국이나 일본, 신흥국 시장인 중국이나 인도 등 개별 국가나 섹터 ETF는 좋은 투자 방법이 된다. 대표적으로 각국의 지수 추종 ETF가 있고, 각국 산업의 섹터별 ETF도 있다.

예를 들어 미국의 AI 섹터 ETF, 고속 성장하는 인도의 화학, 통신 섹터 ETF 등을 선택해 투자할 수 있다. 더군다나 국내 증권사에서 만든 해외 ETF도 있으므로, 이 경우 환전 등을 신경 쓸 필요가 없다. 하지만 실시간 주가가 반영되는지 여부 등을 확인할 필요가 있다.

산업 트렌드, 거시경제 변화에 따른 분야별 ETF

① **혁신 성장형 ETF:** 장기적으로 성장 가능성이 높은 산업 트렌드 관련 종목이 편입된 ETF를 말한다. 세상의 중요 흐름에 투자하는 것으로 '+@'의 수익률을 추구한다. 지수 추종보다 적극적인 투자라 할 수 있다. 저자는 혁신 분야로 전기차/자율주행, 2차전지, 럭셔리, 펫, 바이오 산업을 꼽는다. 일례로 최신 산업인 AI의 혁신을 주도하는 미국 기업이 속해 있는 ETF까지도 한국의 운용사가 만들어 판매하므로 해외 투자에 어려움을 느끼는 투자자도 쉽게 투자할 수 있다.

② **채권, 환율, 원자재, 배당형 ETF:** 채권 ETF는 안정성이 높다는 장점이 있다. 반면 금리 등 변화에 따라 수익률 변동이 있으니 유의해야 한다. 국내에 상장된 채권 ETF는 액티브 방식, 해외에 상장된 ETF는 패시브 방식으로 기본적인 운용 방식이나 과세가 달라지므로 상황에 맞게 선택해야 한다. 환율, 원자재, 배당형 ETF 등도 각각의 특징을 잘 파악해 목적에 맞는 상품을 고르면 된다.

나만의 ETF 포트폴리오를 구성하는 법

저자는 ETF 투자는 '타이밍timing이 아니라 타임time 그 자체에 집중해야 한다.'라고 조언한다. 매매 타이밍보다 장기적인 투자가 유효하다는 의미다. 국가 대표지수형, 혁신 테마형, 채권형, 배당형 ETF에 투자한다면 어느 정도 시간을 두고 지켜봐야 한다.

투자성향(적극투자형, 공격투자형)과 상황이나 연령(사회초년생, 은퇴예정자)에 따라 그에 맞는 포트폴리오를 구성할 수 있다. 모든 투자는 투자 목적과 성향에 맞게 리스크 관리를 병행해야 한다는 사실을 절대 잊어서는 안 된다.

뉴욕주민의
진짜 미국식 주식투자

뉴욕주민 지음 | 비즈니스북스

월가 출신의
현직 트레이더가 알려주는
성공하는 미국 주식투자
실전 전략

Why this Book?

#헤지펀드 출신 미국 주식 유튜버 #미국 주식 생태계 이해하기
#공시, IR 최신정보 분석 #복잡한 증시환경 정복
#최근 주목 받는 핫한 기업 #실전 트레이딩 스킬

KEY INTRODUCTION

미국 주식시장을 이해하게 해주는 책

미국 주식시장은 전 세계시장을 주도하는 바로미터지만, 한국과 다른 다양한 제도와 공시, 세금, 배당 정책이 시행되므로 공들여 공부하고 접근해야 한다. 그렇지 않으면 좋은 투자 기회를 날릴 뿐 아니라 금전적인 피해까지 발생할 수 있다. 그러나 이들은 잘 활용한다면 한국과는 전혀 다른 기회를 얻을 수 있다. 따라서 이 책처럼 현지 경험이 많은 노련한 투자자의 조언이 필수적이다.

READING POINT

디테일에 강한 미국 주식 안내서

한국 투자자 중 상당수가 미국 주식시장에 투자하고 있다. 그런데 미국 시장의 환경은 한국과 비슷해 보이지만 여러 면에서 다르다. 규정이나 법규뿐 아니라 공시, 기관의 패턴, 심지어 수수료나 세금까지 한국과는 확연히 다르기에, 이를 잘 설명하는 길잡이를 만날 필요가 있다. 저자는 다양한 사례를 통해 이를 잘 설명한다.

  한국 시장에 대한 지식을 바탕으로 단순히 미국 시장에 접근해서는 주먹구구식 투자, 천수답식 매매가 반복될 수밖에 없다. 그러한 면에서 저자는 놓치기 쉬운 디테일까지 상세히 알려준다.

미국 주식은 데이터를 보는 방법이나 적용 방식부터 다르다. 우선 개인투자자를 위해 제공되는 정보의 양이 방대하다. 저자는 이들을 효과적으로 익히는 법을 안내한다. 세금의 경우도 한국처럼 단순하지 않으므로 잘 파악하고 있어야 수익률을 극대화하는 데 유리하다.

IR의 천국, 미국 시장에서 공시를 효과적으로 활용하는 법

미국은 주주 권익이 발달했고 기업 공시를 발표하는 형식과 방식이 오랜 발전을 거치면서 투자자 편의성이 높다. 10-K리포트(연간보고서), 10-Q(분기보고서), 애널리스트의 컨센서스 consensus 등을 사이트에서 손쉽게 접근할 수 있다.

특히 어닝 earning, 실적 발표 시즌에 실적과 컨센서스 간의 괴리에 따라 주가가 크게 움직이게 되는데, 이를 위해서는 공시만 봐서는 안 되고, 반드시 애널리스트의 의견을 체크한 다음 어느 정도 주가에 선반영되어 있는지 확인해야 한다.

또한 투자계의 큰손인 헤지펀드가 반드시 보는 DEF-14A 공시, 워런 버핏 등 대형 투자자가 5% 이상 지분 취득한 것을 공시하는

13D나 13G 공시도 잘 챙겨야 한다. 한국은 수시와 정기 공시만으로 단순화된 데 비해 미국 공시는 매우 세분화되어 있음을 이해하고 잘 챙겨야 투자에 도움이 된다.

기업 환경 변화를 자세히 체크해서 수익을 꾀한다

① **M&A:** 미국은 M&A가 활발하다. 그 주체도 같은 업종 내 기업뿐 아니라 사모펀드나 헤지펀드까지 다양하다. 이들은 규모화나 사업 다변화 외에도 자금을 확보하거나 저평가 국면을 해소하기 위해서도 이루어진다. 다행스러운 것은 개인투자자도 기업공시를 통해 이에 대해 어느 정도 파악이 가능하다는 것이다. 만약 투자 기업의 M&A가 이뤄지면 15~30%의 인수 프리미엄이 붙으므로 단기간에 이익을 거둘 수 있다. 하지만 다수의 M&A 시도가 무산되기로 하므로 다른 투자보다 더 열심히 모니터링을 해야 한다.

② **IPO:** 한국에선 청약 제도를 통해 개인투자자도 기업공개_{IPO, Initial Public Offering}에 참여할 수 있지만, 미국에선 이론적으로는 가능하나 실제로는 기관투자자들 선에서 끝나 버린다. 따라서 대안으로 첫 거래일에 참여하는 것인데, 변동성이 큰 만큼 리스크도 크다. 2020년 12월 23일 규정 개정으로 직상장 기업도 신주발행을 할

수 있게 됐고, 개인도 상장일에 매매할 수 있어 단기 차익을 노리는 투자가 가능해졌다.

③ 기업분할: 기업분할은 주식의 본질가치에는 영향을 미치지 못하고 기관투자자들의 매매 행태에도 변화가 없다. 하지만 개인투자자의 유동성 확보를 위한 방안으로 작용할 수 있다. 예를 들어 1,000달러 주식을 1/4로 분할하면 주당 250달러가 되어 더 많은 개인투자자의 유입을 가능케 한다. 이는 미국 주식이 가진 특징 중 하나로, 전 세계에 걸쳐 많은 투자자가 있기에 가능한 일이다.

미국 주식을 트레이딩할 때 활용할 수 있는 다양한 전략

주가를 움직이는 기본요소인 촉매catalysts를 파악하는 것이 중요하다. 물론 주가는 장기적으로 기업의 실적과 수렴한다. 하지만 단기적으로는 실적보다 다양한 이벤트, 즉 촉매에 민감하게 반응한다. 기업 실적, 애널리스트 의견, 자사주 매입, 인수합병, 배당 등의 경성hard 촉매, 애널리스트 의견의 변화, 각종 산업 변화의 뉴스, 원자재 가격 변동 등의 연성soft 촉매에 주목하자.

단순히 시차와 환율 등의 문제뿐 아니라 '미국 주식만의 특징'에 관한 방대한 디테일을 잘 정리한 이 책이 도움이 될 것이다.

BOOK.17

매주 달러 받는 배당주 통장

장우석 지음 | 페이지2북스

주가가 꾸준히 오르는
우량 배당주에 투자하는
미국 주식
주간 배당 포트폴리오 전략

Why this Book?

#'미국 주식에 미치다' 커뮤니티 운영자 #배당주 알짜 기업 213개 분석
#365일 돈 주는 미국 배당주 #주가와 배당수익률 분석
#배당금 재투자로 복리 효과 #매주 배당금 들어오는 포트폴리오

KEY INTRODUCTION

미국 주식 개척자가 정리한 배당주 전략

한국에서 미국 주식투자가 활성화되기 전부터 저자는 한 우물만 팠으니, 개척자라 하겠다. 단순히 오래된 것에 국한하지 않고 언행일치를 보이며 투자와 조언을 계속한다는 점에서 신뢰할 만하다. 이 책은 안정적인 배당 전략에 주력하면서 꾸준히 투자한 저자의 경험이 설득력 있게 녹아 있다.

READING POINT

배당에 강한 미국 주식 백분 활용하는 법

미국 주식의 큰 장점은 정기적이고 성실한 배당이다. 더군다나 한국처럼 특정 시기에 몰리지 않고 기업마다 배당일이 다르므로 잘 활용하면 이 책의 제목처럼 매주 배당을 받는 구조를 만들 수 있다.

경제 상황의 변화에 따라 유망 기업이 바뀌므로, 주식 책에서 특정 종목을 추천하는 것을 긍정적이라 보기 어렵다. 하지만 시세 차익이 아닌 배당수익이라면 이야기가 달라진다. 1~2년 단위를 목표로 투자하기보다 몇 년이 지나도 퇴색되지 않을 포트폴리오이기 때문이다.

'왜 미국 배당주에 대한 관심을 가져야 할까? 항상 접하는 한국 주식이 더 편하지 않을까?'라고 생각을 할 수도 있다. 배당은 회사의 이익을 회사 밖으로 내보내는 것이다. 따라서 배당으로 수익을 보기 위해서는 사회적인 분위기와 기업의 투자 여건, 장기투자 문화가 어우러져야 한다. 미국은 그러한 면에서 한국보다 강점을 가지고 있다.

미국 배당주에 투자하면 유리한 점

한국 배당주는 다수가 연간이고 일부가 분기 배당을 하지만, 미국 주식은 대부분 분기, 월간이다. 그래서 배당락에 의한 주가 조정폭 역시 작은 편이다. 미국에서 배당은 특별한 이벤트가 아니기 때문이다. 한국 기업의 배당 성향이 17%에 불과한데 반해 미국 평균은 35%에 달한다.

미국 배당주는 ① 배당이 365일 깨어 있고 ② 월, 분기, 반기, 연간, 특별 등 배당주기가 다양하며 ③ 배당금이 1개월 이내에 신속하게 입금된다. 하지만 한국에서 투자하면 ④ 미국에서 지급되는 일자와 한국 계좌에 입금되는 일자 사이에 시차가 생기고 ⑤ 배당세 15%를 원천징수한다는 특징이 있다.

미국 배당주 투자를 할 때
알아야 할 3가지 핵심 요소

① **종목은 크게:** 배당이 목적이므로 대형주 위주로 포트폴리오를 구성하는 게 좋다. 그 이유는 높은 수익률과 꾸준한 배당수익률 상승에 있다. 그리고 IT, 헬스케어 업종 등 분야별 비중을 적절하게 조절하는 것이 필요하다.

② **변동성은 작게:** 배당 포트폴리오는 변동성, 즉 베타beta값이 낮아야 한다. 따라서 투자가 다소 지루하게 느껴질 수도 있다. 하지만 저자는 배당수익률을 통해 이것이 왜 알짜인지 설명한다. 변동성이 작은 것은 오히려 장기투자의 핵심 원동력이며, 배당투자의 핵심이라는 것이다.

③ **실적은 좋게:** 당연히 배당주라고 해도 꾸준히 실적이 좋아지는 기업에 투자해야 한다. 이런 기업을 발굴하기 위한 다양한 정보와 도움이 되는 사이트를 안내하고 있다.

매주 배당을 받기 위한 핵심 팁

① **배당락이 아니라 배당지급일에 주목:** 이 책의 목표는 매주 배당을 받는 포트폴리오를 구성하는 것이다. 미국은 배당지급일 확인이

가능하기 때문에, 이를 기준으로 책에 나오는 대로 월별 캘린더를 채움으로써 포트폴리오를 구성한다.

② 가장 대표적인 기업을 선정: 대표 기업의 기준은 시가총액 상위 기업일 수도 있지만, 배당금 연속 인상 기간이 긴 종목이 될 수도 있다.

③ 실적이 좋은 배당주를 선택: 배당률이 높은 기업을 의미한다. 그리고 차트, 성장가치 등 여러 요소를 종합적으로 보고 판단을 해야 한다.

④ 3개월만 확실하게 구성: 매주 배당을 받으려고 52개 종목에 투자할 필요는 없다. 대다수가 분기 배당을 하므로, 3개월 단위로 구성하면 이것이 반복되어 매주 배당을 받게 된다는 것을 이해하자.

배당주에 대한 오해와 진실

① 배당 투자는 지루하다: NO

배당의 원천은 기업의 이익으로, 이익이 없으면 배당을 꾸준히 지급하기 어렵다. 따라서 이익이 나는 기업에 대한 투자가 지루할 리 없다. 한국의 경우 배당주가 주로 유틸리티 업종이라는 인식이 배당주 투자가 지루하다고 생각하기 쉽지만, 인텔 등 고속 성장주도 적절한 배당 투자 대상이라는 사실을 인지한다면 편견이 주는 불편함에서 벗어날 수 있게 된다.

② 배당주는 항상 안전하다: NO

기업이 이익을 유지하지 못하면 배당 지급도 하지 못하며, 더 크게는 주가가 하락하게 된다. 결국 무배당과 주가 하락이라는 상황이 발생하게 되는 것이다.

이를 종합적으로 보면 꾸준히 이익이 증가하는 대형주 위주의 포트폴리오로 투자하되, 기업의 이익 상황을 면밀하게 체크해야 한다. 그러나 한번 노력으로 포트폴리오를 잘 구성하면 상당 기간 좋은 투자가 된다는 것이 배당주 투자의 장점이다.

BOOK.18
주식 고수들이 더 좋아하는 대체투자

조영민 지음 | 부크온

고수익을 지향하는
투자자들을 위한 대안 투자
메자닌, 사모펀드, 공모주,
세컨더리 투자 분석

Why this Book?

#기업 생애주기 맞춤형 대체투자 #새로운 투자의 영역
#자산투자의 발상 전환 #국내 시장+중국 시장
#다양한 투자지식과 용어 습득 #실전 성공사례와 실패사례

KEY INTRODUCTION

상장된 주식투자 외에 다양한 대체투자법

투자는 특정 종목의 주식을 사고파는 것만 있는 것이 아니다. 다양한 투자법이 있고 현재도 상당한 자금이 그런 투자에 몰리고 있다. 개인투자자 역시 다양한 투자의 기회와 개념에 대해 알고 있어야 한다. 아무것도 모르면서 못 하는 것과 잘 알고 있으면서 분별력 있게 선택하는 것 사이에는 종합적인 사고의 폭뿐 아니라 기회의 포착에도 큰 격차가 생기기 때문이다.

READING POINT

전문적 투자의 메커니즘을 이해하자

투자자가 조금만 관심을 기울이면 다양한 투자 기회를 찾을 수 있다. 이 책은 최근 투자자들이 관심을 두는 메자닌, 공모주, 사모펀드 등 다양한 투자법을 상세히 소개한다. 다소 전문적인 영역이지만 이 책을 통해 메커니즘을 이해하면 시장에 대한 이해를 넓힐 수 있다.

대체투자가 자본시장의 핵심 트렌드로 자리 잡은 지는 꽤 오래되었다. 이제는 기관투자자뿐 아니라 개인 고액 자산가들이 개인

투자자들이 은행이나 증권사 PB센터를 통해 대체투자 시장에 속속 진입하는 추세다.

기업 생애주기에 맞춘 다양한 투자의 방식

기업의 생애는 일정한 흐름을 보이는데, 크게 창업기, 성장기, 성숙기, 쇠퇴기로 구분할 수 있다. 각각의 상황에 맞춰 다양한 투자법이 적용된다.

① **창업기(스타트업):** 창업자금을 조달하는 데 앤젤Angel 투자자, 창업투자회사창투사, 신기술금융회사신기사 등이 참여한다. 지금은 유니콘unicorn, 기업가치 1조 원 이상인 신생기업이 된 배달의민족, 토스, 직방 등도 이 단계를 거쳤다.

② **성장기(프리IPO):** 창업 초기의 난관을 이기고 매출이 늘어나는 단계로서 적극적인 성장을 위한 운영자금이나 시설 확충자금이 필요하다. 창투사나 신기사의 투자가 이어진다.

③ **상장 과정:** 대주주 지분을 희석하는 단계로, 다양한 주주를 모으는 한편 대주주의 지분도 방어하기 위해 메자닌mezzanine 채권(채권과 주식 중간 성격의 금융상품으로 전환사채, 신주인수권부사채, 교환사채 등)을 발행하면서 콜옵션call-option, 대주주가 다시 사들일 권리 등을 부여한다.

④ **쇠퇴기:** 사업환경 악화 등으로 회사를 매각하거나 구조조정하는 단계다. 이를 위해 사모펀드가 이용되기도 한다.

기업이 생애주기별로 어떤 투자가 적합한지는 획일화할 수 없다. 다만 책에서는 상장 이후뿐 아니라 다양한 상황에 할 수 있는 대체투자에 중점을 두고 설명하고 있다.

대표적인 대체투자 상품에 대한 포괄적인 이해

① **상장사 메자닌 투자:** 채권과 주식의 성격을 가진 금융상품에 투자한다. 전환사채CB, Convertible Bond는 발행 당시에 정한 일정 조건을 충족하면 주식으로 전환이 가능하다. 투자자는 채권으로 원금을 지키고 주가가 오르면 주식으로 전환해 이익을 극대화할 수 있다. 상장사와 비상장사 모두에 투자할 수 있지만, 개인투자자라면 상장사 메자닌 투자에 집중할 필요가 있다. 조건이 미충족(주가 하락 등)되어 채권의 주식 전환이 불발되는 것에 그치지 않고 원금 상환이 되지 않거나 디폴트의 위험도 있으므로 신중하게 투자해야 한다.

② **공모주 투자:** 기업이 상장(IPO)할 때 참여해서 차익을 얻는 것으로 때에 따라 단기간에 고수익을 볼 수도 있다. 상장 첫날 공모가의

400%까지 주가 상승이 가능하기 때문이다. 단, 몇 가지 사항을 반드시 고려해야 한다. 첫째, 공모가 산정이 제대로 되었는지 살펴보고 둘째, 상장 차익을 거둘 수 있는지 분석한다.

    공모의 빈도로 주식시장을 분석하기도 한다. 증시가 활황이면 공모기업이 늘고 조정기에는 줄어드는 양상이 있기 때문이다. 특정 업종의 주가 상승에 따라 관련 기업의 공모가 비약적으로 늘어난다면 시장 과잉의 신호로 해석할 수 있다(2017년 바이오 공모 열풍, 2021년 공모 붐 등).

ANALYTIC BOOKS

Chapter 4

주식투자 산업·종목 분석서

_어떤 유망산업, 유망종목에 투자할 것인가?

'투자는 좋은 기업과 동행하는 것'이라는 기본 원칙에 대해 살펴보았다. 그렇다면 앞으로 미래를 개척할 유망한 산업 분야, 그리고 그 주역이 될 기업은 어떻게 발굴하고 분석하는 것이 좋을까? 좋은 기업, 산업의 지형을 바꾸고 수익을 만들어내는 기업, 알찬 열매를 안겨줄 투자 대상을 선별하는 법을 배운다.

BOOK.19
작지만 강한 기업에 투자하라

《 A Zebra in Lion Country 》

랄프 웬저(Ralph Wanger) 지음 | 박정태 옮김 | 굿모닝북스

가치와 성장성을 겸비한
소형주를 발굴해서
남들이 맛보지 못한
투자의 열매를 취하는 법

Why this Book?

#주식투자의 5대 법칙에 맞는 종목 #사자나라의 얼룩말
#작고 빠르게 성장하는 기업 #진솔한 회고록+투자의 원칙
#기술과 돈이 흘러가는 곳에 집중하라 #분산투자와 장기 보유

KEY INTRODUCTION

중·소형주가 가진 투자의 이점에 주목하라

다른 투자의 대가들과는 다르게 작고 강한 기업에 투자하는 것의 강점을 다룬다.

시장에서는 대형주와 중·소형주 인기가 돌고 도는데, 사이클을 잘 활용할 필요가 있다. 작아도 우량하다면 장기 가치투자가 얼마든지 가능하다. 저자 역시 기본적으로는 가치투자를 지향하며, 다만 대상이 중·소형주일 뿐이다. 개인투자자가 접근하기 쉽다는 점을 잘 부각해 설명한다.

READING POINT

작은 투자금으로도 수익을 내는 주식투자

대다수 책은 대형주 중심으로 투자법을 제시한다. 하지만 실제 투자자 상당수는 변동성이 크고 수익성(리스크)이 높은 중·소형주에 관심이 크다. 적은 투자금으로도 접근할 수 있다는 점도 관심 요인 중 하나다. 그렇다면 중·소형주에 대한 투자 아이디어는 어떻게 찾는 게 좋을까?

이 책의 '사자나라의 얼룩말' 비유는 소형주 투자의 강점을 잘 설명하고 있다. 사자나라에 얼룩말 무리가 산다. 이들은 무리를 지어 사자의 공격을 방어한다. 그렇다면 얼룩말 무리 중 어디에 자리 잡는 게 좋을까? 무리 한가운데 있으면 안전하지만, 짓밟힌 풀만 먹어야 한다. 무리 가장자리에 있으면 신선한 풀을 먹을 수 있지만, 목숨을 잃을 위험성은 커진다.

사자는 주식시장이고, 얼룩말은 투자자다. 누구나 추천하는 주식에 투자할 때 투자자는 안정감을 느끼며, 다수의 의견에 거스르는 투자자는 불안할 수밖에 없다. 동물뿐 아니라 인간도 군집 특성 탓에 모여 있는 데서 편안함을 느끼기 때문이다. 그런데 수익성은 어떨까? 안정감은 투자수익과 아무런 연관성도 없으며, 오히려 리스크와 더 연관성이 크다.

작지만 강한 기업에
주목해야 하는 이유

치열하고 경쟁적인 사업환경에서 신생기업은 생존을 위해 자신만의 특화된 틈새시장을 발굴하고자 고군분투한다. 대다수는 실패하고 소수만이 성공해 크게 성장한다. 이들은 사회와 산업의 변화나 기술의 발전양상에 적합하게 사업을 펴서 검증을 받은 것이다.

신생기업이 대형 성장주가 되고 나면 어떤 일이 벌어질까? 과거

강력한 성장동력이 되었던 요인이 언젠가부터 오히려 발목을 잡는 족쇄가 된다. 이런 현상을 생태학적 측면에서 잘 이해하는 투자자는 기회를 포착할 수 있다. 투자하려는 기업이 어떤 상태에 있는지 파악해야 하며, 작은 기업이 가진 성장 잠재력을 분석해야 한다.

그러나 작은 기업은 숨은 매력도 크지만, 리스크도 크다. 따라서 대형주와 동일한 접근법으로 투자해서는 안 되며, 리스크를 줄일 방법을 찾아야 한다. 무엇보다 까다롭게 종목을 선택해야 하고, 재무구조와 이익률을 분석해야 한다. 기업가정신이 투철한 경영진, 업종 내에서의 강력한 지위, 틈새시장, 지리적 요소나 특허권 등 특별한 노하우 등 기술적 요소를 두루 검증한다. 또한 분산투자와 장기투자는 리스크 극복의 핵심 조건이다. 소형주 투자의 경우 10개 이상 종목으로 분산해 투자해야 한다.

작지만 강한 기업의 3가지 지지대

① **성장 잠재력:** 기업이 성장하려면 훌륭한 제품, 시장 확대, 효율적 생산과 마케팅 능력 같은 요건이 필요하다. 특히 독점적인 틈새시장을 갖는 것이 가장 좋다. 이를 바탕으로 지속적인 성장과 높은 영업이익률이 만들어져야 한다.

② 재무 건전성: 낮은 부채비율, 적정한 운전자본, 보수적인 회계처리 기준 등이다. 물론 이런 기준에 모두 부합하기는 쉽지 않다. 하지만 작은 기업일수록 이들 요소의 영향이 크므로 엄격하게 판단해야 한다.
③ 내재가치: 주가가 쌀 때만 매수해야 한다. 성장가치, 자산가치 대비 현재의 주가 수준으로 판단한다.

소비자 관점에서
기업을 바라보고 평가하라

대기업은 대량생산으로 '규모의 경제'를 이루고 시장점유율을 넓힐 수 있다. 반면 작은 기업은 그런 것을 기대하기 어렵다. 하지만 역발상도 가능하다. 대기업들이 구축한 환경을 이용해서 다양한 매출처를 확보한 작은 기업을 찾는 것이다. 소비자의 관점, 구매하는 제품에 대한 관점으로 시장을 세심하게 바라본다면, 훌륭한 투자가 얼마든지 가능하다.

BOOK.20
줄루 주식투자법

《 *The Zulu Principle* 》

짐 슬레이터(Jim Slater) 지음 | 김상우 옮김 | 부크온

영국 투자자의 스승
짐 슬레이터가 말하는
개인투자자에게 적합한
5가지 성공 투자법

Why this Book?

#PEG 지표 활용법 #평균 이상의 성장 전망을 가진 주식
#런던 금융가의 멘토이자 투자자의 스승 #줄루 투자 10계명
#이익, 현금흐름, 경쟁우위 등 핵심 체크포인트 #세계시장 투자전략

KEY INTRODUCTION
개인투자자는 작살로 종목을 포착해야 한다

금융 선진국 영국의 투자자이자 사업가, 주식투자 교육자인 저자는 줄곧 시가총액이 작은 소형주에 투자로 높은 수익률을 기록했다. 그는 투자자 스스로가 잘 아는 기업에 투자하라고 강조하면서, 훌륭한 투자로 이어지는 줄루Zulu식 투자법의 실체를 소개한다. 자기가 잘 아는 대상을 집요하게 연구해서 투자하는 방법이다. 다소 특이한 제목 자체로 큰 인사이트를 선사한다.

READING POINT
잘 아는 기업에 투자해야 성공할 수 있다

투자자들의 공통된 궁금증은 '어떤 종목에 투자할까?'이다. 상당수의 투자자가 계좌의 리스크 관리 등을 고려하지 않고 당장 매매를 통한 이익에만 집착하기 때문이다. 하지만 경험 많은 투자자라면 무턱대고 하는 투자를 지양하고 '자기가 잘 아는 종목'부터 차근차근 접근하라고 권한다.

이 책에서 말하는 줄루는 실존하는 아프리카 부족이며, 창과 화살만으로 총을 든 영국군과 용맹하게 싸운 것으로 유명하다. 나 역시 어린 시절 주말 TV 영화에서 빨강 유니폼의 영국 정예군에 맞서 "줄루, 줄루!" 하고 구호를 외치던 전투 장면을 본 기억에 이 책을 집었었다. 책에는 역사와 영화를 통해 줄루족에 대해 아는 사람과 줄루족을 모르는 사람을 구분하는 이야기가 먼저 나온다. 그리고 이는 책 전반을 아우르는 매우 중요한 인사이트가 된다.

주식투자는 기업의 미래 성장에 투자하는 것이다. 내가 잘 알고 이해하는 A기업, 다른 사람들이 좋다고 추천하지만 나는 잘 모르는 B기업 중 선택해야 한다면, 당연히 A기업을 선택해야 한다. 달리 말하면 모르는 분야보다 아는 분야의 기업에 투자해야 수익이 날 확률이 높아진다. 그런데 '안다'는 것은 무엇을 말할까? 저자는 투자가라고 해서 모든 것을 알 필요는 없으며, 오히려 전문화한 좁은 영역에서 누구보다 앞선 전문가가 되어야 한다고 강조한다.

시가총액이 작은 소형주에 주목하라

저자는 시가총액이 작은 소형주에 초점을 맞추어서 투자를 했기 때문에 앞서 잘 아는 종목에 투자를 하라고 한 것이다. 물론 잘 아는 종목이라는 개념이 소형주 투자를 위한 것만은 아니고 그의 투자 철학은 모든 주식투자에 적용이 된다. 하지만 소형주 투자를 하려고 한다면 이는 더욱 철저하게 지켜야 하는 요소가 된다.

소형주가 유망한 이유는 상대적으로 분석이 덜 되어서 저가 매수의 기회가 많기 때문이다. 이들은 평균적으로 훨씬 좋은 투자 실적을 냈는데, 저자는 '코끼리는 빨리 달리지 않는다elephants don't gallop'라는 비유로 설명한다.

한편 그는 소형주 중 특히 성장주에 집중을 했다. 그리고 매수 시점에 가격이 상대적으로 싼 주식을 찾았다. 그런데 주가가 저렴한지는 어떻게 파악할까? 그가 적용한 방법은 PER을 예상 EPS Earning Per Share 증가율과 비교하는 PEGPrice Earnings Growth Ratio, 주가수익성장비율 지표다. 다시 말해 PER이 예상 EPS 성장률보다 작은 기업을 찾아야 한다. PEG 공식은 'PEG=PER/예상 EPS 증가율'이다.

일례로 PER이 15일 때 이것만으로 주가가 비싼지 싼지 알 수 없다. 그런데 EPS 성장률이 30%이라면, PEG는 0.5가 된다. 만약 EPS 성장률이 5%라면, PEG는 3이 되므로 매력적이지 않다.

한편 이익증가율은 1년 치만 보면 별 의미가 없을 수 있기 때문에 과거와 미래의 흐름을 동시에 봐야 한다. 따라서 최소한 과거 2년 향후 2년(혹은 과거 3년 향후 1년) 이익증가율을 두루 봐야 한다.

또 하나, 현금흐름이 주당순이익을 초과하는지 확인해야 한다. 현금으로 이익이 지탱되지 않는다면, 유령 이익에 불과하기 때문이다.

유망종목을 고르는
11가지 투자 기준과 체크포인트

① 주당순이익: 지난 5년 중 최소 4년은 전년 대비 증가

② PEG: 이익증가율에 비해 낮은 PER

③ 낙관적인 회사 최고경영자의 말이나 발표

④ 강한 유동성, 적은 차입금, 많은 현금

⑤ 경쟁우위

⑥ 새로운 요인

⑦ 적은 시가총액

⑧ 시장에 비해 좋은 상대 주가

⑨ 4% 이상의 배당수익률

⑩ 적절한 자산 상황

⑪ 경영진의 의미 있는 수준의 지분 보유

한때 이 책의 표지가 보이게 책장에 두었던 적이 있다. 멋진 영국 노신사의 풍모를 보면서 '나도 저런 노후를 맞이하고 싶다.'라는 목표를 세우기도 했다. 독자들 역시 책의 제목처럼 용감하게 시장과 맞서 멋진 승리 쟁취하기를 기원한다.

BOOK.21
슈퍼 스톡스

《*Super Stocks*》

켄 피셔(Kenneth L. Fisher) 외 | 이건 외 옮김 | 중앙북스

3년에 10배 상승하는
대박 주식을 선별해서
적기에 투자하는
슈퍼 스톡 발굴 전략

Why this Book?

#월가의 전설적 투자자 켄 피셔 #우량기업 vs. 슈퍼 스톡
#비밀병기가 되어줄 절대공식 #슈퍼 컴퍼니를 판별하는 PSR 지표
#슈퍼 컴퍼니+완벽한 결함=슈퍼 스톡 #슈퍼 스톡 매수와 매도 타이밍

KEY INTRODUCTION

PER은 주식투자의 기준이 될 수 없다

기업가치를 측정하는 방법은 매우 다양하며, 시대 변화와 기업 형태의 변화에 따라 꾸준히 진화해 왔다. 주식투자 역시 사회과학의 영역이지만, 모든 원칙이 똑같이 반복 적용되지 않는다. 이 책의 진가는 출간 당시였던 2000년대 초보다, 최근 많은 스타업 기업 등처럼 적자를 감수하면서 매출과 점유율 증대에 집중하는 기업들에 대한 가치평가에서 더 효율적으로 작동한다.

READING POINT

적자기업 중에 알짜 슈퍼 컴퍼니가 있다

쿠팡이 뉴욕증시에 상장할 당시, 설립 이래 한 번도 이익을 내본 적 없는 기업이었다. 기업공개를 위해 투자자들에게 기업가치를 강하게 어필해야 하는데, 통상 상장하려는 기업은 자신들이 과거부터 벌어들인 이익과 앞으로 벌어들일 이익에 기반하여 가치 측정 발표한 뒤 투자자들은 이를 바탕으로 투자 여부를 결정하는 것이 보편적인 방식이다. 즉 기업의 이익을 각각 어느 정도로 평가해 주느냐가 관건이다.

그런데 요즘 스타트업은 어떤가? 당장 이익을 내지 못해도 강력한 아이디어와 상장 시 유입되는 현금흐름을 바탕으로 향후 매출과 이익이 크게 발생할 것임을 어필한다. 기업에 매출과 영업이익이 정상적으로 발생하면 EPS 증가율이나 ROE, PER, 혹은 PEER 그룹대비 가치평가 등 누구에게나 익숙한 방법을 사용하여 가치평가를 하면 되지만, 이익이 없다면 이러한 지표는 무용지물이 된다.

저자는 지금 당장 이익이 없어도 향후 이익 가능성이 있는 기업의 가치평가 모델을 제시하는데, 바로 PSR_{Price Sales Ratio, 주가매출비율}이다. 그는 이 지표를 활용해 향후 크게 성장할 슈퍼 컴퍼니를 찾아낼 수 있다고 주장한다.

슈퍼 컴퍼니를 선별하는 새로운 기준 PSR

PSR 공식은 'PSR = 시가총액/연 매출'이다. PER 공식의 '이익'이 들어가야 할 곳에 '연 매출'을 넣은 것이다. 이는 기업이 하는 일의 '원인'과 '결과' 중 무엇에 집중할까에 대한 관점 차이다.

이익이 결과라면 매출은 원인이다. 매출에서 각종 비용과 급여, 세금 등을 지급하고 남는 것이 이익이므로, 매출이 '원인'인 것이다. 그동안 투자자들이 결과인 이익에만 집중했다면, 이 책의 저자인 켄 피셔는 바로 이 원인에 집중한다.

한편, 매출에 비해 이익은 변동성이 크다. 비용(변동비+고정비)은 항상 변하므로 매출보다 더 큰 변동성을 가진다. 그런 이유로 투자자는 결과인 이익을 예측하는 게 더 어려워진다. 매출이 늘어도 비용이 증가하면 오히려 이익은 감소하는데, 투자자는 매출보다 비용 데이터에 접근하기가 더 까다롭다. 따라서 이익에 기반한 PER 투자법에 더 혼란스러운 것이다.

그래서 저자는 상대적으로 안정적인 매출에 기반한 투자법을 고안했다. 사업에서 매출은 상대적으로 안정적인 흐름을 나타내는 특성을 이용하여 매출이 급변하지 않고 꾸준히 성장하는 기업에 투자해야 한다고 주장한 것이다.

슈퍼 컴퍼니가 가지는
5가지 핵심적인 특징

① **성장 지향성:** 선임 연구 인력을 포함한 구성원에게서 성장하려는 욕구가 분출되어 느껴지는 기업
② **탁월한 마케팅:** 넓은 시야로 시장의 성격 변화를 포착하고 이해하는 한편, 유능한 고객만족 부서를 갖춰 빠르게 적응
③ **일방적 경쟁우위:** 저렴한 생산비나 독보적 제품 등 기존·향후

경쟁자를 압도하는 경쟁우위

④ 창조적 인사관리: 인격적인 대우와 공정한 승진 기회, 건설적인 아이디어를 독려하고 금전적인 보상을 하는 기업문화

⑤ 완벽한 재무관리: 실적이 경영계획에서 벗어나도 신속하게 적응하는 재무관리 능력

  이 책의 유용성은 기업가치 평가에서 경영학적인 접근법을 취한다는 점이다. 워런 버핏이 정신적 스승으로 모시는 필립 피셔의 아들이자 유일한 제자인 저자의 공력이 돋보이는 지점이다. 경영학적인 관점으로 기업이 얼마나 잘 경영되는가에 따라 구체적인 슈퍼 컴퍼니의 조건을 제시하며, 이들이 슈퍼 스톡이 되는 매력적인 지점을 잘 분석하고 있다.

BOOK.22
돈은 빅테크로 흐른다

《 Where the Money Is:
Value Investing in the Digital Age 》

애덤 시셀(Adam Seessel) 지음 | 고영태 옮김 | 액티브

기술주 우위의 시대에
돈이 흘러가는 곳을 찾아내는
변화에 걸맞은
완전히 새로운 투자전략

Why this Book?

#가치투자 3.0시대의 투자전략 #BMP 템플릿+어닝파워 PER
#플랫폼 기업과 테크기업을 평가하는 법 #신호와 소음 판별법
#새로이 변화한 가치평가의 기준 #기술주 가치평가법

KEY INTRODUCTION

빅테크·플랫폼 기업의 가치평가 방법론

최근 빅테크 기술주에 관한 가치평가와 이를 바탕으로 한 매매에서 혼란을 겪는 이들이 많다. 기존의 전통적인 자산가치, 성장가치 공식을 적용하기 어렵기 때문이다. 그런 이유로 많은 가치투자자들이 빅테크 기업에 대한 투자 기회를 놓치기도 했다.

그래서 새로운 산업에서 빠르게 성장하는 기업에 대한 가치평가에서 대안을 제시한 이 책에 주목할 필요가 있다. 재무분석의 역사부터 차근차근 짚어가는 저자의 일관성도 눈에 띈다. 저자의 신선한 아이디어를 깊이 관찰하는 기쁨을 느낄 수 있다.

READING POINT

빅테크 기업, 너무 비싸서 투자하기 힘들다?

현재 주식시장에는 수많은 빅테크 기업이 시가총액 상위에 올라 있다. 이들은 꾸준히 고평가 논란에 휩싸이지만, 여전히 주가가 상승한다. 많은 이들의 주장처럼 이들은 과연 버블인 것일까? 아니면 아직도 상승 여력이 많이 남아 있는 것일까?

이에 대한 고민으로 시대와 기업의 행태가 변했는데, 과거의 분석 방법론만 고수하는 것이 적절할까? 기업의 가치를 평가하는 방법은 시대의 변화와 기업 행태의 변화 및 투자자들 인식의 변화에 따라 변모해 왔다. 오늘날 기술주를 전통의 현금흐름이나 배당 모형, PBR, ROE 등으로 평가하는 것은 사실상 불가능하다. 이렇듯 고민에 빠져 있을 때 단비처럼 나타난 것이 바로 이 책이다. 빅테크 기업에 걸맞은 새로운 시각의 가치평가 방법을 제시하기 때문이다.

오늘날 가치투자 3.0까지의 기업가치 평가법 변천사

2020년 이후 인텔, 아마존, 디즈니 같은 주식을 전통적인 가치평가법에 따른다면 쉽게 매수 대상이 될 수 있을까? 투자자들이 기업의 가치평가를 하는 중요한 이유는 시장이 기업의 가치를 올바로 반영하지 못하는 저평가 구간에서 매수를 한 뒤, 고평가 구간에서 매도하기 위해서이다. 이에 대한 대답을 구하기 위해서는 주식투자의 긴 역사 속에서 가치평가 방법의 변화에 일단 주목할 필요가 있다.

① 가치평가 1.0 시대: 처음으로 기업가치 평가법을 체계화한 사람은 벤저민 그레이엄이다. 그는 기업의 자산가치에 주목했고, 당시 시대상을 반영해 부도가 나도 청산가치가 있는 기업을 PBR 지표

로 분석했다.

② 가치평가 2.0 시대: 워런 버핏은 기업의 이익이 시장의 초과수익률과 좀 더 밀접한 관련이 있다는 것을 발견했다. 비즈니스 품질, 경영진의 자질 등 복합적인 평가도 필요하다는 걸 깨달았다. 기업의 미래를 판단하려면 정량적 수치 외에도 정성적 분석이 필요하다. 제조업 기반의 재무제표를 바탕으로 산업의 특징을 반영해 변형해 사용한다. 하지만 각종 가치척도는 공통으로 사용한다.

③ 가치평가 3.0 시대: 대규모 생산 설비를 갖추고 많은 자원을 사용해 이익을 내는 자동차, 조선, 화학 등의 산업과 더불어 생산 설비 없이 이익을 내는 인터넷 기반의 플랫폼까지 다양한 형태의 기업이 혼재되어 있다. '이들을 과연 가치평가 2.0 시대 이전과 동일한 잣대로 평가하는 게 합당할까?'라는 고민의 시대이다.

빅테크 기업가치 평가하는
BMP 템플릿과 어닝파워 PER

유형자산이 없고 광고비와 연구개발비가 커서 이익은 적지만, 미래 성장성이 높다고 예측되는 인터넷 기반 기술주는 고평가 논란이 제기된다. 이들을 평가할 회계 방법론이 아직 개발되지 않았기 때문이다.

저자는 회계에서 미래를 위한 투자를 '감가상각' 처리하는 데 주목한다. 기계류 등 설비투자, 기술이나 제품 개발에 들어가는 막대한 비용을 한 번에 반영하지 않고, 사용 연한을 기준으로 나누어 감가상각으로 처리하여 비용을 수년에 걸쳐 분산 반영하는 것이다. 인터넷 기반의 플랫폼 기업 역시 미래를 위해 투자하는 마케팅 비용 등을 감가상각해서 고평가 논란에서 벗어날 수 있다고 주장한다. 미래를 위한 비용을 수년에 걸쳐 분산함으로써 이익 변동성을 줄여 기업가치를 높인다. 이것이 어닝파워 PER 산출 방식이다.

또한 무형의 비즈니스를 창출하는 빅테크 기업의 특성에 맞춘 BMP_{Business, Management, Price} 템플릿_{template}이라는 새로운 도구를 만들어 적절한 경쟁력을 평가하는 기준 또한 제시한다.

출간 당시에는 월가에서 '이것도 과연 가치투자인가?' 하는 논쟁이 일었지만, 전문가들의 지지를 받으며 오늘날 플랫폼 기업 등 기술주를 평가하는 포괄적 가치투자의 지평을 열었다는 평가를 받는 책이다.

BOOK.23

40일간의 산업일주

남혁진 지음 | 어바웃어북

반도체, 바이오,
통신, 배터리, 콘텐츠 등
세계 경제를 이끄는
40개 분야의 산업 탐방 견문록

Why this Book?

#미래시장에 대한 통찰력 #비즈니스와 산업 생태계 이해
#진화하는 산업 분야별 파괴적 혁신 #인포그래픽+최신 트렌드
#산업별 트렌드로 알아보는 유망종목 #시장을 읽는 눈

KEY INTRODUCTION

트렌드 변화에 따른 수혜주와 소외주

우리 주식시장에는 2천여 개의 기업이 상장되어 있다. 이들은 여러 산업으로 분류되는데, 투자를 하려면 높은 산 위에서 각 산업이 어떻게 움직이고 있으며, 주도적인 흐름은 어디로 향하고 있는지 넓은 시야로 조망할 필요가 있다. 개인투자자로서 각각의 산업별 트렌드를 정리하면서 공부하기는 쉽지 않은데, 그러한 수고를 대신한 매우 고마운 책이다.

READING POINT

40개 산업의 향배를 한눈에 조망한다

올바른 주식투자를 하기 위해서는 수많은 기업 중 특정 기업의 가치를 평가한 뒤, 저평가 구간에서 매수를 하고 고평가 구간에서 매도를 해야 하는 것이 기본 상식이다. 그러기 위해서는 먼저 기업이 하는 일과 그를 둘러싼 기본적인 환경에 대한 이해가 필수적이다.

여기서 잠깐 생각해 볼 것이, 일부 투자자들은 기업이 속한 환경보다는 기업의 가치 측정에만 몰두하는 경향이 있다. 하지만 산업 전반에 대한 이해 없이는 해당 기업의 큰 그림을 그리면서 투자하기가 결코 쉽지 않다. 기업이 하는 일은 물건을 잘 만들어서 팔고 이익을 내는 것이지만, 그 과정은 산업별로 다르기 때문에 그를 잘 이해하는 것이 꼭 필요하다.

증권사 리포트는 기초 설명은 건너뛰고 최신 상황 위주로 분석하므로, 산업 전반을 공부하고자 하는 투자자한테는 어렵게 느껴진다. 이 책은 기초부터 시작해 실전매매에 필요한 정보까지 한 권에 담고 있어 활용도가 높다.

산업을 이해하면
투자 방법이 보인다

이 책에서는 다양한 산업의 특성과 그에 따른 주식투자의 힌트를 얻을 수 있는데, 몇 가지 예시를 보면 다음과 같다. 책에는 더 많은 인사이트가 있으므로 참고하기를 바란다.

① 수주를 했는데도 주가가 하락하는 이유

수주 산업과 일반 제조업은 다르다. 제조업은 기업이 특정 제품을 대량으로 생산한 다음, 소비자가 그걸 구매함으로써 매출이 발생한다. 그런데 수주 산업(건설, 조선 등)은 소비자가 필요로 하는 제품을 기업에 만들어 달라고 요청하는 방식이다. 구체적으로 아파트와 선박을 들 수가 있다. 아파트는 겉모양이 동일해 보여도, 이를 짓기 위한 지형과 상황이 다르기 때문에 미리 만들어서 팔 수가 없다. 배도 각각의 목적과 주로 운항하는 바다의 상황이 다르기 때문에 주문 제작을 하게 된다.

수주 산업의 특성 탓에 제조업과는 원가 계산부터 다르다. 수주(계약)부터 완료 후 대금 입금 사이에 비용 문제 등 다양한 상황이 발생할 가능성이 크다.

건설업이라면 공사 단계별로 외부에서 대출 등으로 자금을 끌어모아서 수주를 이행해야 한다. 이때 금리 변화, 신용도 위험 등 변수가 많다. 조선업의 경우 정산 기간에 따라 채권 발행 등으로 자금을 조달하며 글로벌 수주에 따른 환율 등이 변수가 되고, 매출원가의 대부분인 후판(철강) 가격의 변동성도 중요한 요인이 된다. 그런 이유로 단순히 수주를 호재라고 인식해서 투자해서는 곤란하다.

② 엔터테인먼트, 게임 산업이 복잡성을 띠는 이유

투자자의 호감도와 이해도 간의 괴리가 매우 큰 대표적인 산업이다. 따라서 좋은 게임이 출시되거나 드라마나 노래가 흥행했다는 이유로 투자에 나섰다가 낭패를 보는 투자자가 많다. '흥행=회사 이익 증대'라는 공식이 성립되는 구조가 아니기 때문이다.

이들 산업은 제품을 기획하고 만들고 유통하는 구조가 제조업과는 확연히 다르다. 한 제품이 흥행했다고 후속 제품의 흥행이 보장되는 구조도 아니다. 글로벌 변수 등도 영향을 미친다. 특정 게임, 특정 인물에 대한 의존도가 높다는 것은 역설적으로 그것이 흔들렸을 때 주가도 흔들린다는 의미이다. 종합하면 장기투자, 가치투자의 대상이 되기 어렵다는 방증이기도 하다.

주식시장에는 다양한 산업과 다양한 기업이 존재한다. 산업에 관한 공부는 '드론'으로 산업계 전반을 넓게 보면서 투자하는 것임을 이해하고 반드시 참고하기를 바란다.

BOOK.24
재무제표 투자의 힘

차영주 지음 | 클랩북스

숫자로 주가의 흐름을
단숨에 파악하는
투자 성공의 핵심 비법,
재무제표 읽기

Why this Book?

#재무제표 읽는 법 #재무제표 속 숫자의 진실
#차트, 기업가치, 경쟁기업, 투자심리 #주식가치 평가법
#재무상태표+손익계산서+현금흐름표 #쓸모 있는 주식정보

KEY INTRODUCTION

재무제표로 매매 타이밍을 잡는다

재무제표를 열심히 공부하고 그를 바탕으로 실전매매를 할 때, 투자자들이 가장 궁금해하는 것은 어떤 관점에서 매수와 매도 버튼을 눌러야 하느냐다. 저자는 증권사에서 실무를 두루 경험하고 재무제표 강사로 활동하는 등 다년간의 경력을 바탕으로 실전매매에 재무 분석을 적용하는 법을 다채롭게 제시하고 있다.

READING POINT

재무제표로 읽는 기업의 미래와 주가

재무제표를 가지고 미래를 향한 투자에 어떻게 활용해야 하는가에 대한 논의는 항상 있었다. 재무제표가 기업 현황을 알려주기는 하지만 어떻게 사용할지 막연하다거나, 과거의 실적만을 보여주므로 효용성이 떨어진다거나, 재무제표를 몰라도 투자에 지장 없다는 주장까지 팽팽하다.

  이 책은 실전투자에서 어떻게 재무제표를 활용해 수익을 창출할지에 대한 내용을 담고 있다. 기업과 소통하면서 그들의 전략을 이해하려면 투자자는 반드시 회계를 알아야 하고, 이를 통해 재무제표를 적절하게 활용함으로써 자신에게 유리한 방향으로 투자를 이끌어 가는 방법을 익혀야 한다고 저자는 주장하고 있다.

통상 재무제표 관련 서적은 일반적 설명만으로 되어 있어 독자가 스스로 투자에 적용할 방법을 강구해야만 한다. 그런데 실전투자를 위해서는 현재의 상태를 통해 미래를 예측해야 한다는 것이다. 건강검진으로 건강을 챙기듯, 기업의 재무제표를 통해 현재(과거)의 상태를 파악하고 미래를 예측해 대비해야 하는 것이다. 즉 투자자는 의사의 검진처럼 재무제표를 통해 기업의 미래를 읽어 내는 노력을 해야 한다.

저자는 이런 독자들을 위해 기초에서 나아가 재무제표로 주가의 움직임을 예측하는 데 유용한 정보를 제공한다. 더 나아가 기업의 의사결정이 재무제표, 그리고 주가에 영향을 미치는 경로를 상세히 알려준다.

투자자는 재무제표를 다르게 보아야 한다

투자자는 저마다의 시선으로 재무제표를 읽는다. 따라서 모든 투자자들이 재무제표에 대한 해석을 동일하게 하고 있다고 생각해서는 안 된다는 점을 중요한 포인트로 인식해야 한다. 그렇지 않고 재무제표의 동일한 잣대의 적용이 안 되다 보니, 흔히 저지르는 오해처럼 재무제표 무용론에 대한 주장도 나오는 것이다.

일례로 ROE(자기자본이익률)는 모든 투자자에게 훌륭한 지표가 되지 못한다. 이는 장기 가치투자자에게는 유용한 지표이지만, 단기투자자에게는 참고 자료일 뿐이며, 오히려 이들에게는 PER(주가수익비율)이 더 효용성이 있다.

그리고 재무제표상의 숫자를 절대치로 보지 말고 회사 규모와 대비해 보아야 하며, 영업이익 증가와 영업이익률의 증가 차이, 기저효과 등 종합적으로 판단해야 한다.

또한 기업의 이익이 느는 것을 긍정적으로 보는 시선이 많지만, 주가 상승을 이끄는 더 중요한 지표는 이익증가율이라는 점과 그 차이를 잘 알아야 한다. 이를 통해 숫자 이면의 의미를 알면, 절댓값만으로 투자의 기준을 잡는 이들 대비 비교우위를 확보할 수 있다.

재무제표를 구성하는 삼형제에 대한 이해

재무제표는 크게 손익계산서, 재무상태표, 현금흐름표로 구성된다. 이들을 각각 개별적으로 이해하기보다는 돈의 흐름을 바탕으로 생각하면 이해하기가 쉽다. 즉 재무상태표→손익계산서→현금흐름표 순으로 살펴보는 것이다.

저자는 이해를 돕기 위해 커피숍 창업에 비유해 설명한다. 모아둔 목돈에 부족분을 대출해서 매장을 빌리고 각종 물품을 구매했다. 모아둔 목돈은 자본이고 대출금은 부채, 커피숍은 자산이다. 이를 재무상태표에는 '자본+부채=자산'으로 표기된다.

영업을 하고 1개월 뒤 이익 여부를 정산한다. 커피 판매액에서 각종 비용을 제하면 손익이 나온다. 판매액은 매출이고 각종 비용은 비용이다. 손익계산서는 '매출-비용=손익'의 공식으로 표시된다.

이 중 현금이 흐르는 양상을 현금흐름표에 기록하는데, 영업과 관련한 것이 영업현금흐름, 투자와 관련한 것이 투자현금흐름, 돈을 빌리고 갚는 것과 관련한 것이 재무현금흐름이다. 이렇게 보면 쉽게 이해가 된다.

숫자를 보고
기업의 실체를 파헤치는 법

재무제표 활용을 단순히 저평가나 고평가에 국한하지 않고, 기업의 모든 활동 결과가 재무제표에 나타나기 때문에 이를 투자에 활용한다고 생각해야 한다. 즉 '기업의 전략→재무제표의 변화→투자 판단의 근거'라는 메커니즘을 이해해야 하는 것이다.

① 고정비 효과: 손익계산서는 '매출 – 비용 = 손익'이다. 비용 중 일부는 고정비(인건비 등)의 성격을 띠는데, 이를 잘 알아야 한다. 고정비 효과란 매출 변동 대비 손익 변동이 큰 것을 말하는데, 통상 매출 변화에 따른 고정비를 어떻게 관리해 나가고 있는지 보는 것이 중요하다. 그렇게 되면 가격할인 정책이 손익에 긍정적으로만 작용하지 않는다는 아이디어를 얻게 된다.

② 흑자 전환: 기업이 적자에서 흑자로 바뀔 때 주가는 가장 높은 상승률을 보인다. 따라서 적자기업의 흑자 전환 시점을 적절히 예측할 수 있다면 좋은 투자가 가능해진다. 이는 매출과 비용의 상관관계를 통해 어느 정도 예측이 가능하다.

③ 손익분기점: 조선업과 플랫폼 기업의 손익분기점(비용을 다 감안하고 이익이 나는 시점)은 다르다. 이 차이를 잘 알고 투자해야 하는데, 조선업 같은 경우 한번 이익이 발생하면 웬만해서는 적자로 돌아서지 않는 특징이 있기 때문에 이는 좋은 투자 아이디어로 활용이 가능해지게 된다.

④ 설비투자와 감가상각: 선제적인 투자는 선제적인 비용처리(감가상각)가 되므로 경쟁기업의 진입을 어렵게 하는 효과가 있다. 따라서 선도先渡기업을 파악하는 게 중요하다.

보이는 게 전부가 아닌 재무제표

① **호재와 악재:** 유상증자는 호재일까 악재일까? 물론 투자자나 기업의 상황에 따라 다르다. 장기적 성장을 위한 유상증자는 장기투자자에게 호재일지 모르지만, 단기투자자에는 대부분 악재가 된다.

② **배당:** 무조건 좋은 것은 아니다. 미래 성장에 많은 투자가 필요한 기업이라면 배당보다는 내부유보(재투자)로 주가 상승을 꾀하는 게 유리하다.

③ **이슈 민감도:** 재무제표상 호재성 재료인데도 시장의 반응이 신통치 않다면, 선반영되었거나 시장은 해당 기업의 다른 모습에 관심이 있다는 것으로 이해하는 것이 중요하다.

BOOK.25
기업경영에 숨겨진 101가지 진실

김수헌 지음 | 어바웃어북

기업공시, 회계, 금융,
주가에 얽힌 속내를
낱낱이 파헤친
공시 교과서

Why this Book?

#기업의 흥망성쇠를 읽는 공시 #다양한 사례+새로운 조류
#상장, 공모, 증자, 분할과 합병… #투자 적신호를 파악하는 법
#기초부터 심화까지 #재무회계에 관련된 다양한 정보

KEY INTRODUCTION

기업이 처하는 경우의 수에 대한 조언

기업은 다양한 활동으로 자신의 목적을 달성하고자 노력한다. 그런데 활동과 목적은 기업마다 상이하고 경우의 수도 너무 많아서 단순한 기초적 지식만으론 이를 명확히 이해하기가 어렵다. 저자는 기업이 맞닥뜨릴 수 있는 거의 모든 '경우의 수'를 제시하고 그에 따른 투자자의 분석과 대처법을 친절히 해설한다.

READING POINT

공시에 담기는 대표적인 메시지 이해

이 책이 주는 인사이트는 대단히 중요하다. 기초적인 회계 지식만으로도 실전투자에서 겪는 고난도의 상황에 대처할 수 있도록 대안까지 제시한다. 다양한 사례와 인포그래픽으로 이해도를 높인다.

기업에서 공시가 나오면 각각 어떻게 판단해 투자 결정에 활용해야 할까? 따로 공부해야 하는 방대한 분야이지만, 잘 설명하는 콘텐츠도 거의 없어서 본인이 그 진위 여부를 잘 판단할 수 있어야 한다. 그렇지 않으면 자신에게 유리하다고 판단되는 쪽의 의견에 일방적으로 귀 기울일 우려가 생기게 된다.

하지만 유무상 증자, 메자닌 채권 발행, 자사주 매입, 배당 등 대표적으로 정형화 케이스를 한번 공부하고 나면, 대부분의 공시를 이해하는 데 큰 어려움이 없을 것이다. 이 책을 통해 핵심들을 숙지할 수 있다.

이들이 기업에 미치는 영향 또한 일정한 방식으로만 이루어지게 되는데, 이때 이를 모르는 일부 투자자들로 인해 주가의 일시적인 변동성이 생기기도 하지만, 결국은 공통된 흐름을 따르게 된다. 따라서 이 책을 통해 각각의 상황에 대한 정형화된 내용을 잘 숙지하고 있다면 투자의 우위를 점하게 된다.

다양한 사례를 백과사전식으로 친절하게 설명

이 책의 장점은 풍부한 각종 사례로 기초적 이해를 돕는다는 점이다. 따라서 차근차근 따라가면 어느덧 실전투자에 적용할 방법을 익히게 된다. 기자 출신인 저자는 기업 이면의 뒷얘기를 재밌게 알려주면서 공시의 본질을 파악하도록 돕는다.

한편 일반적인 경우뿐 아니라 몇몇 특수한 사례를 익히는 것도 매매에 있어 중요하게 적용이 되는데, 이는 실전매매에서 마주하는 다양한 상황에 적용성이 높아지게 된다. 그러한 점에서 다양한 사례를 상세하게 다루기 때문에 필요에 따라 사전처럼 찾아보는 것도 좋은 방법이다.

주요 공시를 어떻게 해석할 것인가?

감자減資에 대한 설명 부분을 살펴보자. 감자란 자본을 줄이는 행위를 말한다. 기업은 왜 감자를 할까?

대표적으로 자본(자본금+자본잉여금+이익잉여금)이 자본금보다 적어진 자본잠식 때문이다. 감자를 하면 자본금이 줄고 자본잉여금이 커져서 자본잠식에서 벗어날 수 있다. 감자에는 무상감자와 유상감자가 있는데, 무상감자는 M&A 방어용, 유상감자는 자본잠식 해소용으로 활용된다.

또한 기업이 메자닌 채권을 활용한 자금 조달 과정을 자세히 이해하는 것이 중요하다. 대표적으로 CB(전환사채), BW(신주인수권부사채), EB(교환사채) 등 각각의 조건을 붙인 메자닌 채권을 발행하는 것이다.

CB는 '주식으로 전환할 수 있는 조건이 붙은 채권'으로 주식으로 전환 시 투자자는 주가 상승에 따른 시세 차익을 꾀할 수 있고, 이 경우 기업은 부채(채권) 대신 자본(주식)을 전환함으로써 현금

압박을 피할 수 있다.

BW는 '채권+신주인수권' 형태로, 투자자는 채권에 붙는 이자수익에 신주를 인수할 수 있는 권리(워런트)까지 가지게 된다. 또한 워런트만 따로 떼어 매매할 수도 있어 유리하다.

EB는 기업이 보유한 '타사의 주식이나 자사주와 교환하겠다는 조건의 채권'이다. 그런데 자사주는 다양한 용도로 활용이 가능하기 때문에 이를 바탕으로 한 EB는 발행 횟수나 규모가 상대적으로 작다.

이 외에도 기업의 분할, 합병 등 다양한 상황에 대한 설명이 들어있다. 이들은 가상기업을 통한 설명과 과거 사례를 중심으로 이루어져 있어서 투자자들이 생생한 현장감을 느끼면서 각종 사례들을 익히게 된다.

이렇듯 책은 기업이 직면하는 다양한 상황에 대한 설명을 쉽게 제시한다. 그리고 '경제기사로 공시 읽기' 등 유용한 내용이 많다.

BOOK.26
주식 해부학

배문호 지음 | 지식과감성

기초체력, 본업 경쟁력,
투자와 자산 등
좋은 기업을 알아보기 위한
재무제표 분석법

Why this Book?

#현직 공인회계사의 기업 재무 분석서 #매일 재무제표 읽기
#쉽고 재밌는 재무제표 분석 #7주 커리큘럼의 학습 스케줄
#기초, 지표, 매출, 투자의 숫자들 #투자에 도움이 되는 재무제표 읽기

KEY INTRODUCTION

다트에서 기업 분석을 도와주는 과외 선생님

기업을 파악하려면 다트Dart를 통해 사업보고서와 감사보고서를 보라고 이구동성으로 말한다. 그래서 들어가 보면 막상 어떻게 봐야 할지 막막하다. 그 구성과 형식이 낯설기 때문이다. 다트는 기업과 관련된 내용이 세상에 드러나는 첫 관문 역할을 하기 때문에, 재무제표뿐만 아니라 기업활동과 관련된 다양한 내용이 나와 있어 그 내용을 잘 숙지해야 한다. 누군가 순서대로 하나하나 짚어주면서 친절한 과외 선생님처럼 알려주면 얼마나 좋을까? 바로 그런 갈증을 해소해 주는 책이다.

READING POINT

기업의 사업보고서와 재무제표에 담긴 정보

다트의 사업보고서(감사보고서)를 차근차근 해설한다(만약 처음 사업보고서를 읽게 되면, 구성을 이해하기 위해 출력해서 살펴볼 것도 추천한다. 단지 A4용지 기준으로 많게는 200여 쪽이 출력된다는 점을 감안하기 바란다).

기업은 분기, 반기, 1년 단위로 결산한 뒤 재무제표를 공시해야 하는데, 분기·반기는 45일, 연간은 90일, 감사보고서는 주주총회

1주일 전까지가 법적 제출기한이다. 만약 이 기한을 지키지 않는 기업은 투자자의 불안감으로 주가변동성의 원인이 된다.

책은 사업보고서와 감사보고서의 차이, 주석의 의미와 중요성, 연결 재무제표 등 기초적인 정보를 친절하게 설명한다.

기업의 본업과 관련한 핵심 쟁점을 이해하자

기업을 분석하려면 먼저 매출에 대해 이해해야 한다. 이때 업종별로 매출을 손익계산서에 어느 시점에 반영할지, 특이한 비용은 어떻게 기록할지가 다르다.

① 매출 추이와 계절성: 매출은 업종에 따라 다른 특성을 보인다. 비료나 아이스크림 등 계절적 요소가 뚜렷한 업종이 있는가 하면, 전방산업의 재고 영향을 받는 업종이 있다. 이는 사업보고서의 '사업의 내용'에 상세히 나와 있는데, 다양한 변화 요소를 파악하기 위해서는 분기보고서의 '사업의 내용'을 봐야 한다.

② 매출의 구성: '단가(P)×수량(Q)'의 개념을 파악해야 한다. 매출이 증가하거나 감소했을 때 둘 중 어느 요인 때문인지 파악하는 것이 중요하다. 공급 과잉으로 경쟁이 치열해지면 판매 단가를 낮추게 되는데, 이때 부품업체와의 관계에 따라 원재료(부품) 가격도 변

동한다. 반면 단가가 낮아지면 판매 수량이 늘어나는데, 가격 민감도가 높은 상품이 더욱 그렇다. 이런 분석을 통해 매출 변화에 따른 기업 경쟁력을 파악해야 한다. 사업보고서 사업의 내용 중에서 주요 제품의 가격변동 추이, 생산 실적, 재고자산 추이 등으로 추적할 수 있다.

❸ **매출의 의미:** '시장규모×시장점유율'의 개념을 살펴보자. 대다수 기업은 경쟁 속 입지 강화를 위해 노력하는데, 이는 시장점유율로 표현된다. 사양산업에서 점유율이 큰 것은 별 의미가 없지만, 성장산업에서 점유율이 올라간다면 유의미하다. 사업보고서 사업의 내용 중에서 시장점유율, 사업부별 시장점유율 변화 등을 보면 된다.

❹ **신사업 진출 효과:** 기업의 매출을 분석할 때 과거로부터의 움직임을 추적해 매출이 급성장하는 모멘텀을 찾을 필요가 있다. 신제품 개발 등 다양한 원인과 모멘텀으로 신산업에 진출해 가시적인 성과를 나타내는지 파악한다. 이는 사업보고서의 회사의 연혁, 연결 손익계산서, 사업부별 재무현황, 종속회사 재무정보 등을 통해 입체적으로 파악할 수 있다.

❺ **수주와 실적:** 수주 잔고는 기업의 미래 매출을 예측하는 중요한 단서로, 방산, 조선, 반도체 장비 등이 대표적 수주 산업이다. 수주 내용은 업종별로 정해진 기준에 따라 재무제표에 반영되는데, 수주 시점, 제품 생산 개시나 완료 시점 등에 일괄적으로 매출이 반영

되는 게 아님을 알아야 한다. 또한 글로벌 이슈나 기후 등의 영향을 받으므로 신중히 검토해야 한다. 이는 사업보고서 사업의 내용 중에서 수주 현황, 건설 계약 등에 나와 있다. 진행 상황은 기말 계약 잔액을 보면 된다.

개인투자자라면 반드시 봐야 하는 공시

과거 기업들은 회사의 내부 사정을 기자나 애널리스트에게만 독점적으로 제공하기도 했다. 이것이 문제를 낳으면서 이제는 불가능해졌다. 개인투자자나 기관투자자 모두 공시를 통해 기업의 상황을 동시에 알 수 있다. 개인투자자라도 공시를 열심히 찾아보면 핵심 정보에 뒤처지지 않을 수 있다는 의미다.

그런데 공시자료를 파악하는 게 쉽지 않다. 재무 지식도 필요하고 표현에 담긴 의미도 알아야 한다. 이 책은 사업보고서 보는 법을 친절하게 하나하나 코칭한다. 특히 실제 공시자료(사업보고서)를 조각조각 잘라서 예시로 사용하면서, 투자자가 꼭 파악해야 할 내용을 충실히 설명한다. 중점 사항은 빨간 원으로 표시해서 시각적으로도 부각해 제시하고 있다.

BOOK.27
주식투자, 전자공시로 끝장내기

윤킴 지음 | 아이앤유

공시 속에 숨어 있는
기업의 본심을 찾아내어
기업 분석 전문가로 이끄는
주식투자의 길잡이

Why this Book?

#전자공시 시스템 완전정복 #사업보고서 읽는 법
#기업공개에서 상장폐지까지 #주식용어와 기업분석
#증자, 감자, 회사채, 우선주, 배당… #초보에서 전문가로

KEY INTRODUCTION
기업공시에 숨은 투자정보를 찾아라

투자자라면 기업의 공시 중 주가에 영향을 미치는 중요한 내용에 대해 잘 이해하고 있어야 한다. 다른 요소도 중요하지만, 기본을 명확하게 이해하고 있어야 빠른 판단이 가능하기 때문이다. 공시는 모든 투자자가 동시에 볼 수 있다. 그러므로 이를 통한 빠르고 정확한 판단이야말로 투자에 매우 유리하게 작용한다는 점을 잊어서는 안 된다.

READING POINT
공시 분석, 기초부터 탄탄하게 배우자

주식시장에서 일상적으로 벌어지는 일에 대해 아주 기초적인 질문을 했을 때 정확하게 답하는 투자자는 의외로 많지 않다. 관심이 오로지 기업의 향후 주가 움직임에만 몰려 있기 때문이다. 하지만 투자수익률을 높이려면 기업공개 IPO, Initial Public Offering, 유상증자, 전환사채 등 기업과 관련된 제반사항에 관한 정확한 이해가 필수적이다.

 이 책은 공시에 대한 원론서로, 기초적인 부분을 매우 친절하게 설명한다. 실전투자에 중대한 영향을 미치는 배당, 기업분할, 지주사 등 투자자가 잘 모르면 인터넷에서 조각조각 찾아봐야 하는 내용이 분류별로 잘 정리되어 있다.

공시는 크게 '정기공시'와 '수시공시'로 나뉘는데, 정기공시는 분기나 사업연도 말에 재무제표와 감사보고서를 법정 기한 안에 공시를 하는 것이고, 수시공시는 증자나 자사주 매입 등 기업의 중대한 변화를 알리는 공시이다. 179페이지에 소개한《주식 해부학》이 정기공시에 초점을 맞췄다면, 이 책은 수시공시를 이해하는 데 도움이 된다.

공시에 포함되는
각종 용어와 개념을 익히자

① 증자: 증자增資란 자본금을 늘리는 것인데, 자본(자본금+주식발행초과금+이익잉여금)과 자본금은 다르다는 데 유의하자. 자본금을 늘리는 방법으로는 신주를 발행해 새로운 자금을 유입하는 '유상증자', 자본 중에서 주식발행초과금을 자본금으로 전환하는 '무상증자'가 있다. 유상증자는 기존 주주 대상의 주주배정, 일반 투자자 대상의 일반공모, 제3자를 특정해서 하는 제3자배정이 있는데, 이는 상황과 목적에 따라 기업이 결정한다.

유상증자는 주식이 늘어난다는 이유로 흔히 악재로 취급받지만, 목적과 방법, 그리고 투자자의 상황에 따라 악재도 호재도 될 수 있기 때문에 투자자의 적절한 판단이 매우 중요하게 된다. 미래를 위한 증자의 경우 단기투자자에게 악재일 수 있으나, 장기투자자라면 저가 매수의 기회로 봐야 한다. 무상증자는 유통 물량의 증가 등 특정 경우에만 긍정적이고, 대부분 투자의견은 중립적이다.

② 회사채: 전환사채(CB), 신주인수권부사채(BW), 교환사채(EB) 등은 이름만 들어도 머리가 아프게 느껴질 것이다. 그래서 기업이 이를 발행하는 의도를 정확히 파악하지 못하고 투자에 나서면 절대 안 된다.

전환사채는 향후 주식으로 전환할 권리를 부여하는 채권이고, 신주인수권부사채는 만기 시 원금과 이자를 주고 신주를 인수할 권리까지 주는 채권이다. 이때 신주인수권은 따로 거래할 수도 있다. 교환사채는 발행 기업이 보유한 주식으로 교환해 주는 채권이다.

투자자는 특히 과거 기업이 발행한 채권 내역을 확인하는 것도 중요하다. 가장 많이 발행하는 전환사채의 경우, 일정 시간이 지나면 주식으로 전환된다. 이때마다 유통 주식이 늘어나는 것이 좋은 것만은 아니기 때문이다. 물론 전환 시마다 공시되지만, 투자할 기업이라면 사전에 대략적인 수량을 파악해 두는 것이 좋다.

한편 이러한 형태의 회사채, 특히 전환사채를 다량 발행한다는 것은 기업의 자금 사정이 좋지 않다는 방증이다. 이 경우 매출만으로 필요한 이익과 현금흐름으로 만들지 못하다고 봐도 무방하다.

그런데 시장 상황이 악화 등 다양한 이유로 주가가 저조하면, 전환사채는 주식으로 전환되는 대신 역으로 회사에 원금 상환 요구로 돌아오게 된다. 기업은 자금이 없어서 전환사채를 발행했는데, 이러한 경우는 더 큰 악재가 된다. 이런 일은 고금리 국면, 주식시장의 큰 조정기에 종종 나타나므로 특별히 조심해야 한다.

③ 자기주식: 기업이 발행한 주식을 스스로 보유한 것으로 '자사주'라고 한다. 자사주는 주총에서 의결권은 없고, 유통 주식에도 포함되지 않는다. 즉 자사주 매입과 처분은 전체 주식이 줄어 투자자들의 지분이 늘어나는 효과를 내므로 시장에서는 긍정적인 요소로 인식된다.

통상 자사주 매입과 처분의 목적은 주주가치 제고와 주가 안정, 경영권 유지 및 보호, 임직원에 대한 보상 및 주주들의 주식매수 청구권 행사에 대한 대비 등이므로 이를 잘 기억해 두어야 한다.

기업은 자사주 매입을 공시하면서 '주주가치 제고'를 내세운다. 투자자들 역시 유통 주식 감소→EPS(주당 순이익) 증가→주가 상승으로 받아들이기 때문이다. 하지만 경영권 보호 등의 특별한 목적으로 자사주 매입을 하는 경우도 많다. 따라서 과연 주주가치 제고라는 취지가 맞는지, 기업의 의도를 정확하게 파악하는 것이 중요하다. 자사주 매입이 소각으로 이어진다면 확실한 주주가치 제고의 신호다.

④ 공개매수: 상장기업에 대한 영향력을 강화할 목적으로 주식의 매입 기간이나 가격, 수량 등을 미리 공고하고, 증권시장 밖에서 불특정 다수로부터 주식을 사들이는 것을 뜻한다. 보유자에게 주식을 팔라고 하는 것이므로 통상 시중가보다 높은 가격이 제시된다. 공개매수의 목적은 자발적 상장폐지, 적대적 M&A(경영권 공격), 경영권 안정, 지주회사 전환(자회사 지분 20% 이상 확보 의무) 등이며, 평소라면 시장에서 천천히 매집하겠지만 급박한 이슈로 이 방법을 택하는 것이다.

참고로 책의 내용 중 일부 변동이 있음에 유의하자. 111페이지의 리픽싱 refixing은 일반 투자자에게 불리한 조건으로 금융당국은 조항을 개정해 삭제했다. 127페이지의 배당 기준일도 2024년 12월 현재 변화가 있다. 분기 배당 기업은 동일하지만, 그렇지 않은 기업 중 2022~2023년 주총 결정에 따라 3월 말 주총에서 배당이 결정되고 4월에 배당락을 실시하고 배당을 주는 기업이 늘고 있다.

BOOK.28
주식 고수들만 아는 애널리스트 리포트 200% 활용법

김대욱 지음 | 스마트비즈니스

**목표주가 외에도
다양한 투자 정보가 담긴
애널리스트 리포트를
제대로 활용하는 방법**

Why this Book?

#신뢰할 만한 리포트를 판별하는 법 #투자 유망종목 찾기
#목표주가, 매수 추천, 실적 전망 활용법 #산업 리포트와 기업 리포트
#알짜 리포트의 특징과 포인트 #사례별 리포트 분석

KEY INTRODUCTION
잘 알면 유용한 애널리스트 리포트

투자하는 기업을 알려면 직접 탐방하는 게 가장 좋다. 그러나 현실적으로 어려운 일이다. 대신 우리는 애널리스트 리포트(이하 리포트)를 보게 된다. 하지만 리포트에 대한 몰이해로 일부 투자자는 리포트를 무작정 불신하거나 적대시한다. 이 책은 리포트를 어떻게 읽고 활용할지 입체적으로 설명한다.

READING POINT
핵심만 알면 리포트 읽기는 어렵지 않다

시시각각 변화하는 기업이나 경제 상황을 정확히 파악하고 올바로 해석하는 일은 투자에 필수적이다. 증권사는 이를 전달하기 위해 심혈을 기울여 리포트를 발간한다. 리포트 형식은 대부분 정형화되어 있으므로 기초만 알면 요긴하게 활용할 수 있다.

짧은 지면에 논리적으로 써야 하기에 리포트에는 전문용어와 재무제표 관련 표현이 많다. 그래서 지레 겁을 먹게 되는 것도 사실이다. 혹자는 내용은 차치하고 목표주가와 투자의견에만 관심을 기울인다. 이 책은 리포트 독해를 위한 핵심 정보를 압축적으로 전달

함으로써, 다양한 응용으로 나아가도록 도와준다.

애널리스트 리포트의 특성을 이해하자

리포트를 작성하는 애널리스트 역시 직장인이며 엄밀히 말하면 '을'(기업이 '갑')의 위치에 서 있다. 투자자들은 애널리스트가 '매수 추천'뿐만 아니라, 기업에 문제가 발생하면 '매도 등에 관한 의견'을 냉정하게 말해주기를 바라지만, '금융기관 직원'으로서 부정적인 글을 쓸 수 없는 현실이 분명히 존재한다. 그래서 이를 감안해서 리포트를 봐야 한다고 저자는 이야기하고 있다. 기업과 금융기관 그리고 직원 등이 서로 이해관계에 따라 구조화된 상황을 개인 애널리스트가 극복하기는 어렵기 때문이다. 따라서 이러한 상황(한계)을 인정하게 되면 오히려 리포트를 이해하는 데 도움이 된다.

① **목표주가 산출:** 사용하는 공식은 다양하다. 증권사나 애널리스트가 어디에 중점을 두느냐에 따라 평가 방식과 숫자가 달라지게 된다. 즉 과거의 확정된 재무적 숫자, 순수한 회계적 관점, 미래 성장 스토리, 동종업계 경쟁자와의 비교 등 기준에 의해 평가 방식이 달라진다는 것이다. 증권사의 방향, 애널리스트의 성향, 가치평가 방법론 등은 나름의 일관성을 가지는데, 이를 '목표주가 계산식의 종

류 이해하기'에서 소상하게 설명한다. 목표주가 설정의 방법론은 대략 다음과 같다.

지표	내용
PER Price Earnning Ratio	과거 혹은 동종업계 PER과 비교
EV Enterprise Value	기업의 총가치 평가
PBR Price on Book-value Ratio	과거 혹은 동종업계 PBR과 비교
RIM Residual Income Model	잔여이익모델, 특정 증권사에서 사용

② **재무제표 정보:** 최소한의 지식 바탕이 필요하다. 거부감만 극복하면 미래 수익의 확률이 크게 올라갈 수 있으므로 차분히 관문을 넘어보자.

신뢰할 수 있는 리포트의 조건

① **최신 리포트:** 경제 환경과 기업 현황이 수시로 바뀌므로 가장 최근에 나온 리포트에 주목하자.

② **논리적 일관성:** 신뢰도를 가늠하는 핵심이다. 객관적인 자료가 제시되었는지, 미래 재무제표에 숫자가 들어 있는지를 살펴보자. 리포트는 대부분 스토리로 이뤄져 있지만, 투자자는 EPS 등 숫자를 투자의 기준점으로 삼아야 한다. 일부 리포트는 긍정적인 미래

전망을 내놓고도 이를 수치화하지 못함으로써 신뢰를 주지 못한다.

③ 동일 기업에 대한 다양한 시각 비교: 리포트가 기업의 미래를 점치는 정답지는 아니다. 하지만 여러 증권사에서 같은 날 동일 기업을 다룬 리포트를 살펴보면 방점을 찍는 부분이 다르다는 것을 알 수 있다. 이를 비교해 살펴보면 도움이 된다.

④ 주관성 감안: 리포트에 담긴 객관적 내용과 주관적 내용을 구분하자. 대부분 과거에 대한 평가는 객관적이지만, 현재나 미래로 넘어가면 주관적 요소가 강하게 작용한다. 따라서 리포트는 어디까지나 주관적인 내용임을 고려해서 참고하는 것이 좋다.

⑤ 성장 데이터는 참고자료: 특정 산업에 대한 전망(연 8% 성장 등)은 철저히 검증되기 어려우며, 전망치가 들어맞을 가능성도 상황에 따라 달라질 수 있다는 점을 인식하자. 그러므로 성장률 전망 데이터는 참고자료 정도로 보자.

리포트를 활용하는 몇 가지 팁

이 책의 장점은 다양한 산업군의 기업별 현황을 이해하도록 돕는다는 것이다. 투자자가 분석할 기업이 처한 상황은 각기 다르다. 대기업과 중소기업, 산업 밸류체인, 제조업과 플랫폼, 은행과 엔터,

제약 바이오 등 기업 특성에 따라서 재무제표상 동일한 내용도 달리 해석해야 한다.

예를 들어 기업의 현금흐름, 부채, 배당, 자사주 매입 등과 같은 이벤트도 성장주냐 성장이 멈춘 기업이냐에 따라 해석을 달리 해야 한다.

여기서 리포트 관련 하나의 팁을 하나 소개하겠다. 모든 투자자가 매번 자신의 관심기업 리포트를 다 챙겨 보기란 쉽지 않다. 그래서 우연히 보게 된 리포트에 매료되거나 내용에 사로잡혀 고정관념을 갖게 되기도 한다. 이를 방지하기 위해서라도 꾸준히 리포트를 찾아보는 습관을 지닐 필요가 있다. 만약 엔터 업종 리포트를 본다면, 최신 한두 개뿐 아니라 비슷한 시점에 나온 다른 증권사의 것도 같이 보면서 입체적인 시각을 가지려 노력해야 한다. 기업 리포트도 마찬가지다. 특정 기업의 리포트를 과거부터 거슬러 올라가 순서대로 찬찬히 읽으면, 전반적인 변화를 파악하는 데 매우 도움이 된다.

'리포트+재무분석+차트', 이 조합은 적절한 타이밍을 포착하고 투자 승률을 높이는 좋은 무기가 된다.

저자의 기업탐방 책도
참고할 만하다

피터 린치는 가족과 휴가를 가서도 근처의 기업탐방을 다녔다고 한다. 직접 기업을 방문해 현실을 파악하는 것은 매우 중요한 일임에는 분명하다. 요즘은 개인투자자도 증권사나 대행업체를 이용해 동반 탐방이 가능하다.

그런데 아무 준비 없이 가면 시간 낭비가 되고 말 것이다. 담당자의 홍보성 멘트에 현혹되어 오히려 투자 판단이 흐려질 수도 있다. 약을 먹으러 갔다가 오히려 독을 먹고 오는 꼴이다. 저자의 다른 책 《돈 되는 기업탐방, 돈 버는 주식투자》가 그런 상황에 도움이 된다.

TRADING BOOKS

Chapter 5
주식 매매 실전서
_차트를 읽고 매매의 타이밍을 잡는 법

주식투자를 위한 길고 긴 준비의 시간에 함께 할 책들을 살펴보았다. 이제 실전으로 들어갈 차례다. 가치투자를 기치로 장기적인 관점으로 임하는 이들조차 매매의 적절한 시기를 정하는 것은 필수적인 과정이다. 여기, 주식투자 수익률을 최적으로 높이는 데 필요한 매매의 기술을 담은 책들을 소개한다.

BOOK.29
최고의 주식 최적의 타이밍

《How to Make Money in Stocks》

윌리엄 J. 오닐(William J. O'Neil) 지음 | 박정태 옮김 | 굿모닝북스

주식시장 역사상
최고의 주식이 보인
100개의 차트
어떤 주식을 언제 사고 언제 팔 것인가?

Why this Book?

#최적의 종목 선정법 CAN SLIM 원칙 #주가 폭발 직전의 차트 흐름
#매수한 주식을 언제 팔 것인가? #투자자의 21가지 실수
#주식 서적 밀리언셀러 #손해 보지 않고 주식시장에서 생존하는 법

KEY INTRODUCTION
과거의 데이터로부터 찾아낸 최적의 전략

투자를 잘하기 위해 투자자들은 훌륭한 전략을 세우려 노력한다. 스스로 개발(발견)한 투자법도 끊임없이 백테스트 backtest 함으로써 검증을 한다. 저자는 과거 크게 상승한 우량기업의 패턴을 연구함으로써 전략을 찾아냈다. 이에 기업의 이익성장률이 높은 기업을 필터링 한 뒤, 기관의 수급과 이들이 만들어낸 차트를 결합 투자 방식을 제시했다. 그레이엄의 가치 투자를 계승했지만, 실전 매매에서 차트와의 결합 중요성을 제시하고 있다.

READING POINT
주가가 크게 상승할 기업을 포착하는 법

'주가가 강하게 상승한 기업은 어떤 특징이 있을까? 어떤 모멘텀으로 강한 상승세를 보였을까?' 저자는 이러한 합리적인 의문을 가지고 과거 사례를 분석했다. 성공한 투자자의 매매 방식에 집착하지 않고 오로지 데이터에 집중한 것이다. 공통점을 찾아 스스로 매매에 적용함으로써 크게 성공했으며, 그 내용을 책으로 펴냈다.

저자가 발견한 '주가가 크게 오르는 주식'의 공통점은 영업이익

증가, 기관투자자의 유입, 이를 표현한 차트로 구성된다. 그는 이를 종합해 '캔 슬림CAN SLIM 모델'과 '오닐의 컵 O'Neil's Cup'이라 명명했다.

최적의 종목을 선정하는 캔 슬림 모델

캔 슬림CAN SLIM 모델은 다음 요소를 갖춘 기업을 골라야 한다고 정리한다.

C Current Quarterly earning — 주당 분기 순이익

A Annual earnings growth — 연간 순이익 증가율(성장의 열쇠)

N New product, service, management — 신제품, 신경영, 신고가

S Supply and demand — 결정적 시점의 대규모 수요

L Leader or laggard — 소외주가 아닌 주도주

I Institutional sponsorship — 기관의 관심

M Market direction — 시장의 방향성

캔 슬림은 크게 세 부문으로 나누어 볼 수 있다. 재무적 성과와 관련되어 기업가치를 평가하는 기준인 C, A, 시장의 관점과 관련되어 대규모 매수세가 생겨나는 N, S, L, I, 마지막으로 주가 상승의 모멘텀과 관련된 시장의 흐름인 M으로 세분화해 살펴보자.

① **C, A:** 분기 순이익 증가에 주목해야 한다. 한두 분기가 아니라 최소 3분기 연속 증가해야 하고, 특히 직전 분기의 이익이 대략 20% 이상 폭발적으로 증가하는 기업에 관심을 가져야 한다. 연간 이익 증가율도 3년 평균 상승세여야 하며, 이러한 흐름 속에서 분기 이익 상승의 모멘텀이 발견되어야 한다. 반면 이익이 늘지 않는 기업은 투자 매력도가 떨어지며, 강세장 막바지에 주도주의 이익이 증가하는 것은 호재가 아니라는 것도 알아야 한다.

② **N, S, L, I:** 새로운 제품(서비스)으로 이익 모멘텀이 생기면서 주가는 연이어 신고가 행진을 하게 된다. 기관(한국은 외국인 포함)이 이를 주도하므로 움직임을 관찰해 모멘텀에 편승하는 전략을 펴야 한다. 아무리 평가가 좋아도 매수세를 불러오는 모멘텀이 없다면 주가 상승에는 한계가 있다. 기관 등의 움직임에 따라 특정 주식이 주도주로 부각된다. 개인투자자가 이미 올랐다는 이유로 주도주를 외면하고 소외주를 찾는 것은 올바른 방법이 되기 어렵다.

③ **M:** 모든 조건에 완벽히 부합해도 시장의 전체적인 흐름이 중요하다. 시장이 아닌 개별 종목에만 집중하면, 고점에 물려 손실을 보는 일이 생기게 된다. 적절한 매매 타이밍은 기관의 수급과 차트 간

의 관계로 파악해야 한다. 기관이 빠져나가거나 수급이 들어와도 주가가 오르지 않으면 시장의 변화를 고민해야 하는 시점으로 이해해야 한다.

가장 좋은 매수 타이밍을 포착하는 오닐의 컵 차트

저자는 기업의 펀드멘탈에 기초를 해서 시장과 기관의 수급에 관심을 기울였는데, 이는 다른 대가들과 대비된다. 차트를 활용한 매매를 언급한 것도 독특하다. 그는 주가의 오름세가 숨 고르기를 하다가 재상승하는 초입에 매수하는 타이밍을 제시하는데, 차트가 컵 모양을 닮아서 '오닐의 컵'이라고 부른다.

오른쪽 그림에서 첫 번째 포인트는 상승추세의 1번이다. 이는 매우 중요한 전제로, 이를 무시하고 차트에서 컵 모양만 찾아선 곤란하다(주가의 횡보나 하락 구간에서는 컵 모양의 차트가 의미를 갖지는 못한다). 두 번째 포인트는 상승추세가 2번을 기점으로 조정을 받은 다음 3번(라운드 형태)에서 4번까지 상승하는 모양이다. 이때 4번의 주가는 2번의 주가보다 낮아야 한다. 공부를 위해 기본형 차트를 정확하게 익힐 필요가 있다(그만큼 변형도 많다는 것이다). 컵의 핵심은 4번부터 시작되는 손잡이 부분이다. 기울기가 중요한데, 너무

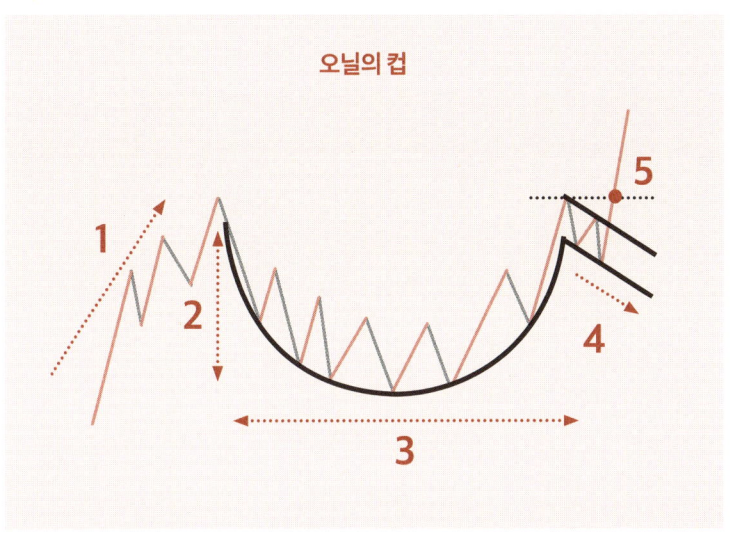

가파르면 손잡이가 될 수 없다. 손잡이가 달린 컵 모양이 완성되는 '5번 지점'이 바로 매수 시점이다.

우량한 기업의 주가가 움직이기 시작할 때 쉽게 휩쓸리기보다 강도와 시점을 파악해 투자하라는 조언이다. 성급한 투자자는 2번에서 조정이 시작될 때 매도하는 우를 범하는데, 매도와 매수의 정도를 진정으로 파악할 수 있는 단계는 3번이다. 만약 주가 상승이 어렵다면 차트는 3번에서 라운드 형태가 아니라 하락추세로 변한다.

또한 2번에서 매도하지 못한 이들이 4번에서 마지막으로 매도하는 순간으로, 이후 이어지는 짧은 조정이 나온 뒤 불안해진 투자자가 다 빠져나가고, 이후 기업의 가치를 믿는 투자자들의 유입으로 상승을 다시 이끌게 된다. 저자는 5번 이후 주가는 크게 오른다고 강조하고 있다.

  이 책이 유익했다면 저자의 다른 책인《공매도 투자 기법》도 참고하기를 바란다. 물론 한국 주식시장 특성상 개인투자자가 공매도를 하기는 쉽지 않지만, 공매도는 주가 하락과 연관되므로 손절매 타이밍을 잡는 데 활용한다면 유용한 가치를 찾게 된다.

BOOK.30
차트 패턴

《 *Getting Started in Chart Pattern* 》

토마스 N. 불코우스키(Thomas N. Bulkowski) 지음 | 조윤정 옮김 | 이레미디어

똑똑한 돈의 발자국을 찾아가는
차트 패턴의 모든 것을
추리 소설처럼 풀어낸
흥미진진한 책

Why this Book?

#돈은 반드시 흔적을 남긴다 #성취도가 높은 10가지 바닥 패턴
#세계 최고 차티스트가 분석한 3만 8,000개의 차트 #시뮬레이션
#월가의 현실에 대한 풍자 #성공 거래를 위한 체크리스트

KEY INTRODUCTION

차트를 심리와 확률로 풀어낸 전략서

차트를 다룬 책은 시중에 많다. 그런데 심리와 확률을 활용해 풍부하게 설명한다는 점에서 이 책은 차별적이다. 또 차트의 모양을 설명하면서 화려하고 현란한 주장을 펼치는 대신, 철저히 데이터에 기반한 전략을 제시한다. 이를 통해 단순히 과거의 재현을 노리는 게 아니라, 차트에 따른 상황 설명을 풍부하게 함으로써 예측하는 데 큰 도움이 된다.

READING POINT

세계 최고의 차티스트가 풀어낸 차트의 비밀

차트는 주가의 과거로부터 현재에 이르기까지의 움직임을 한눈에 이해하게 돕는다. 따라서 매매에 있어 차트의 중요성을 강조하는 사람들은, 상대적으로 어렵게 공부를 해야만 알 수 있는 재무적인 내용보다, 반복 학습을 통해 차트의 패턴을 익히게 되면 주가 움직임을 예측하고 훌륭한 매매가 가능하다고 주장하고 있다.

　이 책이 특별한 의미를 가지는 이유는 패턴을 가르치는 데만 집중하지 않고, 특정 패턴에서 확률적 가능성을 과거 사례를 통해 조사하여 그에 대한 실질적인 활용 방법을 제시하고 있다는 점이다.

한편, 차트 책임에도 불구하고 심리적인 내용이 앞부분을 차지하고 있는 것이 특이하다.

일반적인 차티스트들은 다음과 같은 두 가지를 강조하고 있다.

① 차트에는 기업 현황 등 투자 관련된 사항 모두 반영된다.
② 투자의 역사는 반복된다.

그러나 차티스트인 저자는 약간 다른 관점으로 이야기하고 있는데, 차트는 그림의 형태라서 객관성을 가지는 것처럼 생각하게 되지만, 이를 해석하고 매매에 이르는 과정에서 투자자마다 다른 방식, 즉 심리가 반영된 매매를 하게 된다는 것이다(고점과 저점에서의 공포, 추세를 따라가기에는 늦었다는 두려움, 싸게 사기 위해 스스로 저점이라 판단하는 행위 등 다양한 실전 투자를 경험한 입장에서 보면 충분히 공감이 간다).

차트에 담겨 있는
거래의 심리학을 읽어라

매매는 인간 심리에 쉽게 지배를 당한다. 따라서 차트를 볼 때 그

부분에 대한 고려가 필요하다. 즉 차트는 언제든 심리의 지배하에 움직일 수 있다는 걸 생각해야 한다.

주가가 내려가면 손실의 고통과 반등에 대한 기대 사이에서 심한 정신적 압박이 생겨난다. 그러나 차트를 기반으로 손실제한 주문을 해두면 정신적 고통을 받지 않게 되고, 이는 프로와 아마추어를 가르는 기준이 된다고 저자는 말하고 있다.

① **거래의 기본:** 먼저 투자 수익에 대한 현실성 있는 기대를 세운다. 그에 따라 성공 가능성 높은 거래 기법을 택하고 적합한 매매를 한다. 이는 매우 중요한 인사이트로 이를 지키지 않으면 꾸준히 주식 시장에 머물며 매매하기 어렵게 된다.

또한 매매와 수반되는 비용을 최대한 낮춰야 하는데 수수료뿐 아니라 손실 역시 비용이라고 생각하고 적절히 통제해야 한다. 그러기 위한(손절매를 줄이기 위한) 학습과 연구를 게을리해서는 안 된다.

② **추세:** 주가가 움직이는 방향으로 지속적으로 움직일 것(관성의 법칙)이라는 데에 자연스럽게 베팅하는 전략으로, 매매 타이밍을 잡는 데 유용하다. 그런데 추세가 늘 나타나는 게 아니므로, 투자자는 '낚시꾼의 인내심'을 가지고 추세가 나타날 때까지 끈질기게 기다려야 한다. 다시 말해 추세가 보이지 않는데 섣불리 나서서는 곤란하다는 의미다.

차트에서 추세의 유용한 기준점을 찾는 방법으로는 하루의 거래를 표시하는 '봉'과 '추세'가 만나는 횟수가 많아야 하며 추세선의 길이가 길수록 좋다. 추세선의 경사는 30~45도 정도가 긍정적이며, 60도 이상이면 과열 국면이므로 '손실제한 주문'을 바짝 붙여서 걸어야 한다.

③ 대응이 필요한 특수 상황: 차트를 이용해 투자할 때 가장 큰 리스크는 차트가 예상에서 벗어나는 것이다. 차트가 예측과 달리 변화무쌍하게 움직일 때를 대비해 손실제한 주문을 차트의 중요한 변곡점에 걸어 두어야 한다.

성공적인 거래를 위한 체크리스트

① 매매 결정을 내리기 전: 시장과 종목의 추세를 확인해 매매에 적합한지 검토한다. 그리고 동종 산업의 타 기업 주가가 보이는 고점과 바닥 신호(주봉 중심)를 파악한다. 이후 특정 기업의 주가흐름에 대한 정밀한 분석 단계에서는 상대 강도, 추세, 지지와 저항, 연중 고점과의 거리 등 다양한 요소를 검토한다.

이때 주가가 너무 올랐다면 매수를 포기하는 것이 좋고, 반면 추세가 영원히 지속되지 않는다는 전제로 손실제한 주문도 걸어 둔다.

② 매도하기 전: 저자는 대부분의 거래에서 빠져나올 때는 손실제한 주문에 의해서라고 밝히고 있다. 이는 하락뿐 아니라 상승에도

걸어 두는데, '주가가 나를 밀쳐 낼 때'만 매도한다고 그는 표현한다. 이는 상승장에서 수익을 지키는 중요한 방식이지만, 주가의 하락 시에도 손실을 제한하게 된다.

또한 목표주가에 도달했을 때, 시장과 업종이 동시에 하락할 때, 다른 주식의 주가와의 관계 등을 통해 매도를 결정하라고 조언한다.

③ 놓쳐서는 안 될 거래의 기본: 첫째 손실제한 주문을 바짝 붙여라, 둘째 큰 패턴에 거래하되 예외형 패턴을 잊지 마라, 셋째 물타기 하지 말고 손실제한 주문을 낮추지 마라, 넷째 날마다 주식을 모니터하라, 다섯째 거래를 기록하면서 자신만의 방법을 다듬어라, 여섯째 거래에 의문이 든다면 멈춰라. 이 6가지 기본 원칙을 꼭 기억하라.

BOOK.31
나는 주식투자로 250만불을 벌었다

《 How I Made $2,000,000 in the Stock Market 》

니콜라스 다비스(Nicolas Darvas) 지음 | 권정태 옮김 | 국일증권경제연구소

투자 문외한 무용가에서
증권 전문가를 뛰어넘는
대성공을 거둔
입지전적 투자 방법론 안내서

Why this Book?

#쉽고 재밌게 배우는 주식투자 기본기 #주식투자 박스이론
#평범한 개인투자자가 성공하는 법 #실패와 오류로부터 배운다
#스스로 터득한 성공 투자의 방법론 #박스에 갇힌 좋은 주식

KEY INTRODUCTION

1950년대 전설적인 개인투자자의 회고록

책 제목이 오히려 책을 쉽게 집어 들지 못하게 한다. 가벼워 보이기 때문이다. 하지만 개인투자자로서 실패와 도전, 그리고 그를 통해 자신만의 매매 기법을 만들어 가면 바쁜 직장인도 충분히 성공한 투자자가 될 수 있다는 점을 간결하고 담담하게 이야기하고 있다. 주식의 전혀 모르던 1950년대 무용수가 어떻게 성공한 투자자가 되어가는지 흥미롭게 전개하고 있다.

READING POINT

평범한 개인이 따라 할 수 있는 전략

국내에 소개된 외국 투자자 책 중에서 온전히 개인투자자가 쓴 책은 거의 없다. 더군다나 누구나 쉽게 이해하고 따라 할 수 있는 방법을 제시한다면, 의미는 배가된다. 직장에 다니는 평범한 투자자라면 데이 트레이딩이나 스켈핑 scalping 같은 기법은 현실감이 떨어진다. 이 책은 단연코 개인투자자에게 꼭 필요한 중요한 인사이트를 제시한다.

주식투자로 부자가 되는
단순한 전략, 박스이론

저자는 주식투자에 특별한 재무적 정보, 경제 이론, 회계 지식을 동원하지 않았다. 그가 선택한 방법은 단지 주가의 움직임을 관찰하는 것이다. 저자가 투자했던 1950년대에는 인터넷은커녕 전화 주문 시스템도 없었다. 그래서 그는 주가의 움직임을 머릿속에 그려갔다. 동시에 자신의 모든 투자 이력을 기록하면서 실패의 원인을 찾고 되새겼다.

이런 관찰을 통해 그는 주가가 일정한 '박스권' 내에서 움직이는 것과 그것을 벗어나는 움직임으로 구분이 가능하다는 것을 찾게 된다. 이는 매우 중요한 것으로 주가는 어느 순간 일정한 박스 안에서 상단과 하단을 만드는 특징을 보이는 경우가 발생하고, 이러한 주식이 특정 시점에 기존의 박스에서 벗어나 상승하여 기존 박스 위에서 새로운 박스를 만들 때 투자를 하면 수익을 낼 수 있다는 것을 발견한 것이다. 이는 기업의 우량도와는 무관하게 일정한 형태의 주가 패턴을 찾아내면 그 패턴을 활용할 수 있다는 것이다(이는 '윌리엄 오닐의 컵'처럼 오르는 주식의 패턴을 찾는 것인데, 오닐은 우량 주식이라는 전제조건을 달았다는 점에서 좀 더 진일보했다).

저자는 이를 '박스이론'이라 명명했으며, 주가의 흐름은 다음 그림과 같다.

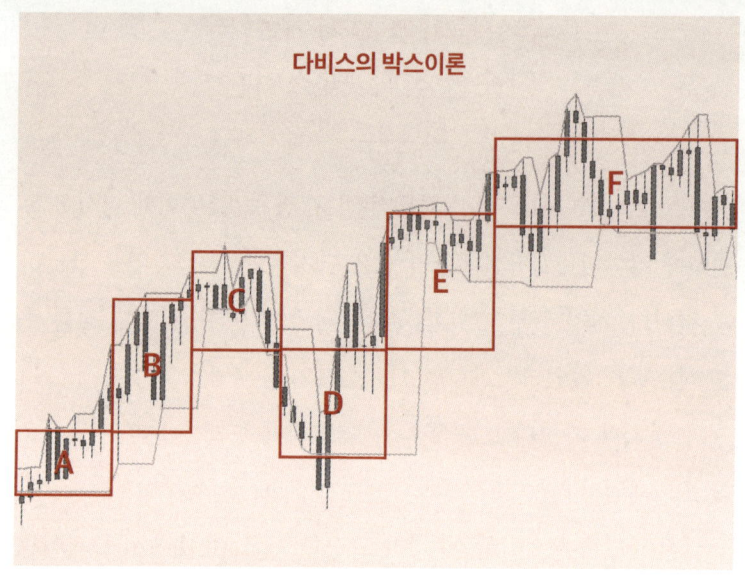

　박스A에서는 아직 판단하기 어렵지만, B, C로 이동하면 매수 관점에서 접근한다. 하지만 D로 이동할 때는 리스크 관리를 해야 한다. 이후 주가가 F로 이동할 때 매수 관점으로 접근한다. 또한 주가가 D에서 E로 갈 때도 매수해선 안 되는데, 박스이론에선 '상승 구간에서만 매수한다.'라는 원칙이 있기 때문이다(이는 차트 읽기의 기본으로 주가가 지지대를 하향 돌파하면 해당 지지대가 저항선이 된다는 이론과 일맥상통한다).

주식시장의 소음에서 벗어난 독특한 전략

저자의 투자 이력은 두 시기로 나뉜다. 첫 시기는 무용가로 정신없이 바쁜 때였다. 통신이 발달하지 못한 시대에 전 세계로 투어를 다니던 그는 월가 소식을 실시간으로 접하지 못했기에 시장의 정보 없이 주식의 움직임에만 집중했다.

두 번째 시기는 은퇴 후 시간이 많아졌을 때다. 월가의 풍부한 정보를 접하면 수익이 늘 거라고 예상했지만, 결과는 정반대였다. 실시간으로 쏟아지는 각종 소음에 오히려 자신만의 원칙이 흔들리고 큰 손실을 낳았다.

그래서 그는 호텔로 들어가 아무 정보도 접하지 않는 방법을 택했고 그 후로 다시 수익률이 올랐다(어떤 의미로 가치투자자인 워런 버핏과 비슷하면서도 다르다. 버핏은 차트를 보지 않고 다비스는 재무제표를 볼 줄 모르지만, 둘 다 좋은 수익률을 보인다는 점에서 자기만의 원칙을 고수하는 것의 중요성을 실감할 수 있다).

다수의 개인투자자는 직장을 그만두고 최대한 시장과 가까워지면 수익이 좋아질 것으로 생각한다. 하지만 시장의 정보와 투자수익률과의 상관관계는 확인하기 어렵다. 인간은 자기가 이해하지 못하는 사회적 현상에 혼란을 느끼고, 누군가 이유를 대신 정리하면 그걸 액면 그대로 받아들임으로써 혼란에서 벗어나려는 심리적

속성이 있다. 그런 이유로 온갖 매체가 주식시장, 섹터와 종목이 오르고 빠진 이유를 설명하느라 바쁘다.

누군가 '미국 10년물 국채 금리가 올라서 주식시장이 움직였다.'라고 설명한다 치자. 투자자 중 몇이나 실제 미 국채 10년물 금리를 실시간으로 보면서 매매할까? 결국 설명을 위한 설명이다. 시장에 떠도는 정보와 수익률이 직접적으로 연관된다면, 기자나 전업 유튜버의 수익률이 월등해야 할 것이다.

자신만의 투자원칙을 세우고 이를 철저히 지키라

'항상 시장을 이기는 완벽한 투자법'은 세상에 존재하지 않는다. 하지만 자신만의 투자원칙이 있다면 수익을 낼 확률이 증가한다. 최악은 원칙 없이 이리저리 흔들리는 것이다.

투자자들은 원칙을 세우기 어렵다고 하소연한다. 원칙은 개인마다 다를 수밖에 없다. 수능시험 1등의 방식을 누구나 따라 할 수 없듯, 누구나 자기가 할 수 있는 방식으로 투자해야 한다. 그러려면 자신을 알아야 한다. 성향, 투자금의 성격, 일상과의 조화 등을 냉정하게 파악해야 한다. 이를 바탕으로 자기가 할 수 있는 방법을 찾아야 한다.

저자는 '전보'만이 유일한 통신 수단이었던 상황에서도 자기만의 박스이론을 만들었고, 원칙을 지키기 위해 뉴욕에 살면서도 월가와 거리를 두고 전보를 고수했다. 증권가의 격언처럼 "자신만의 원칙이 없어도 돈을 벌 수 있지만, 꾸준히 수익을 내는 사람치고 자신만의 원칙이 없는 사람은 없다."

물론 저자의 박스이론에는 한계가 있다. 차트가 박스를 형성하려면 일정 기간, 때론 장시간이 걸린다. 1950년대에는 유효했을지 모르지만, 요즘처럼 단기간에 급등락하는 시장에선 효용이 떨어질 수 있다. 그리고 빠른 결과를 원하는 투자자에게는 적합하지 않다. 모든 차트가 박스를 형성하는 것도 아니므로, 투자자는 현실적으로 다양한 종목을 살펴야 한다. 하지만 스스로 매매 타이밍을 결정한다는 원칙을 배우고 충실히 따른다면 요긴하게 활용할 수 있을 것이다.

BOOK.32

주식시장의 마법사들

《 *Stock Market Wizards* 》

잭 슈웨거(Jack D. Schwager) 지음 | 김인정 옮김 | 이레미디어

성공적인 트레이더들의
생생한 목소리로 듣는
시장이 이기는
수익률을 만들어내는 비결

Why this Book?

#연평균 수익률 70·90·220%의 마법사들 #투자의 귀재 13명의 인터뷰

#큰 그림을 보는 트레이딩 전략 #강세장과 약세장의 생존법

#공매도에서 퀀트까지 #시장을 이기는 연구와 탐험

KEY INTRODUCTION

투자 고수들의 실전 노하우를 만난다

이 책은 저자의 '시장의 마법사 Market Wizards' 시리즈 중 한 권이다. 한국어판은 총 네 권으로 발행되었는데, 주식, 헤지펀드, 파생 등 다양한 영역에서 높은 수익을 창출하는 숨은 투자자를 찾아가서 직접 인터뷰한 내용을 담았다. 다양하게 저마다의 투자 분야에서 뛰어난 실적을 자랑하는 숨은 트레이더의 인터뷰를 통해 실질적인 조언을 담았다.

READING POINT

성공과 실패, 회한과 환희가 담긴 목소리

주식시장에서 꾸준히 돈을 버는 투자자는 얼마나 될까? 잘 알려진 위대한 투자자 외에 현재 우리와 같이 활동하는 이들이 현실에 밀착된 경험담을 들려준다면 얼마나 좋을까? 그런 갈증을 해소하는 책이다.

그야말로 '투자의 세계는 넓고 재야의 고수는 많다.'라는 게 실감 난다. 인터뷰 형식으로 되어 있어 단도직입으로 본론이 펼쳐지며, 가독성도 높다. 또한 질문이 정형화·획일화되어 있지 않고 상대에 맞춰져 있어 각기 다른 투자자의 참모습을 파악할 수 있다. 특히 꾸준한 수익이 검증된 트레이더로만 대상이 한정되어 의미가 크다. 저자인 인터뷰어의 질문 역량도 돋보인다.

최고의 트레이더들이 말하는
성공 투자의 비법

① 자신만의 트레이딩 철학과 방법론을 개발하라.

누구도 편안하고 꾸준히 높은 수익을 내지 못한다. 이 상황에서 중요한 것은 누구나 실수를 하고, 그로부터 배워야 한다는 것이다. 실수는 좋은 주식을 선택하는 방법을 점검하는 것이 아니라 사소한 실수로도 계좌를 엉망으로 만들 수 있다는 걸 아는 것이다.

특히 자신만의 단점을 극복하는 구체적인 방법을 실천해야 한다. 만약 귀가 얇아서 남의 의견에 휘둘린다면, 매매를 오롯이 혼자서 할 수 있게 의식적으로 노력해야 한다. 또한 주가는 풍문이나 정보, 기업의 장밋빛 약속이나 전문가의 의견에 따라 오르고 유지되는 게 아님을 명심하고, 리서치를 생략하거나 장밋빛 전망에 따라 투자를 해서도 안 된다. 매매할 때는 감정을 싣지 않고 공부한 것과 정한 규율에 따른다.

② 시장에 희망을 품는 대신, 시장에 반응하라.

처음 투자에서 큰 손실을 보기도 하는데, 대부분 주식시장에 어떻게 접근해야 할지 몰라서 그런 경우가 대부분이다. 투자자는 경험을 통해서 배운다. 다만 여기에는 조건이 있다. 첫째, 자신감을 회복하는 것부터 시작해야 하며, 시장에 공포를 느끼거나 두려워해선 안 된다. 둘째, 손실을 희망으로 대해서도 안 된다. '포지션을 잘 풀어야 할 텐데…' 하는 마음이 들면 그 즉시 포지션을 크게 줄여야 한다.

경험에서 배우려면 몇 년에 걸쳐 주식시장을 신중하게 추적하고, 나만의 일지를 작성하라. 매매 내역 전부를 기록하고 분석하는 걸 꾸준히 하면, 이익을 거둘 토대를 마련할 수 있다.

③ 시장을 변화시킬 촉매를 찾아라.

투자를 잘하려면 주가를 움직일 촉매를 찾아야 한다. 촉매란 기업에 대한 시장의 인식을 변화시켜 주가를 움직일 잠재력 있는 사건을 말한다. 예를 들어 컨센서스 대비 깜짝 실적이 나왔다면, 이전의 주가 움직임도 같이 봐야 한다. 주가가 충분히 올랐다면 이미 실적을 선반영한 것이고, 주가가 미진하다면 실적으로 인해 강한 반등을 기대할 수 있다. 실적 발표 이전 주가 추이나 컨센서스와 실적 간의 차이를 비교하면, 성공 가능성을 크게 높이게 된다.

④ 당연한 것은 없으므로 모든 것에 의문을 가져라.

트레이딩에 성공하려면 몇 가지를 필수적인 것이 있다. 첫째, 나만의 경쟁우위를 찾아서 극대화하라. 둘째, 지는 것도 감당할 수 있어야 한다. 셋째, 가진 돈에 비해 큰 판을 벌이면 반드시 파산한다는 것을 명심하라.

이외에도 다른 시장 참여자들의 말이나 그에 의한 군중의 움직임도 잘 이해해야 한다. 일례로 특정 업종 주식이 인기를 끌면 자금이 몰리면서 거품을 형성하게 된다. 유용한 기술적 분석 대신 차트만 보고 매매하는 투자자가 많기에 대중의 움직임에 따라 패턴이 만들어진다는 것을 이해해야 한다.

한편, 사회의 변화 속에 새로운 기술이 채택되었다고 크게 회자되어도 누구나 이익을 내는 것은 아니라는 것도 알아야 한다. 비행기는 훌륭한 발명품이지만 많은 항공사가 도산을 했고, 자동차도 많은 사람들이 이용하지만 여기 역시 도산한 기업이 있다. 인터넷도 마찬가지이다.

BOOK.33

쩐의 흐름을 타라

미녀53 지음 | 에디터

전통의 트레이딩 기법
추세추종 전략을 활용해
한국형 개미투자자가
주식으로 돈 버는 법

Why this Book?

#트레이딩의 기초부터 심화까지 #개미들이 꼭 새겨야 할 투자 포인트
#쩐의 흐름을 타는 추세추종 기법 #시세 흐름을 읽는 원리
#트레이딩을 위한 심리 기술 #100% 적중하는 추세 신호

KEY INTRODUCTION

팍스넷 최고 인기 게시물의 확장판

저자는 2000년대 초반 인터넷을 달구던 증권 포털 팍스넷에서 '초보 개투들에게 드리는 종합적 조언'이라는 글로 조회수 1위를 기록한 바 있는 필명 '미녀53'이다. 당시 금융기관 직원들만의 전유물이었던 투자에 대한 논의를 실력을 갖춘 개인투자자도 얼마든지 가능하다는 점을 적극적으로 어필했다. 전문 투자자로서 전문적인 지식을 가진 저자의 생각과 실전 노하우는 개인투자자에게 많은 공감을 주고 있다.

READING POINT

투박한 제목과 달리 알찬 내용이 풍부

오랜 경험을 가진 이들이 그렇듯, 저자 역시 단기간에 돈 버는 비법은 없다고 전제한다. 치열하게 노력해서 차근차근 수익을 쌓아가는 것이 정도正道다. 제목이 다소 속물적인 느낌을 주지만 국내 저자의 주식투자서 중에는 고전에 속하는 책이다. 비록 출간된 지 조금 시간이 흘렀지만, 지금 읽어봐도 시대를 관통하는 통찰과 조언이 가득하다. 특히 한국 주식시장에 적합한 현실적인 내용이 풍성하다.

매매에 나서기 전
점검해야 할 기본사항

① **마인드셋:** 투자냐 트레이딩이냐 목표를 먼저 정하자. 매일 시세를 보는 사람은 투자가 불가능하며, 또 추세를 모르는 사람도 트레이딩에서 성공하기는 어렵다. 트레이더가 되려면 베팅 머니를 조절하고 시세의 강약과 맥을 짚는 등 특별한 전략이 필요하다. 저자는 사무실에 다음과 같이 써 붙였다. "먹을 수 있는 것만 먹자. 내가 원하는 시세가 안 나오면 곧바로 손절매 하자. 돈은 점수일 뿐이다. 트레이딩하다 감정에 압도되면, 그것은 멈추라는 신호다. 매일 돈을 딸 수는 없다."

② **투자 자금:** 누구도 시장을 예측할 수 없다. 따라서 추세 구간에서만 매매해야 한다. 그러려면 평소 투자금을 잘 지키면서 지혜롭게 베팅해야 한다. 몰빵 투자는 곤란하다. 9번 투자를 잘해도 10번째에 실수하면 모든 걸 잃기 때문이다. 자금을 잘 조절해야 주식시장에서 살아남을 수 있다. 자산이 줄면 베팅 금액도 줄이고 자산이 늘면 베팅 금액을 늘리는 '켈리의 공식 kelly's formula'을 이용해 적절한 수익(3):손실(1) 비율을 유지하라. 첫째, 총자본의 10% 이상 거래하지 않는다. 둘째, 절대 시장과 반대로 거래하지 않는다. 셋째, 베팅 전에 "현재 추세는 무엇인가?"라고 묻는다. 이 세 가지 원칙을 실천하라.

어떤 기준으로
매도할 것인가?

손실 비율을 최소화하기 위해 적절한 매도 원칙을 세워두어야 한다.

① **단순 손실 컷** simple loss cut: 손실 확대를 막기 위해 무조건 포지션을 정리한다.

② **트레일링 이익 컷** trailing profit cut: 수익을 보존하기 위해 추세에 따라 이익을 확정한다.

③ **본전 컷** breakeven cut: 본전 가격(원금+수수료)에 매도를 걸어 두는 방법으로 손실 가능성을 예방한다.

④ **타임 컷** time cut: 시간 내에 원하는 추세가 생기지 않을 때, 기회비용을 고려해 포지션을 정리한다.

개미투자자에게 유리한
추세추종 매매 기법

---

① 나만의 스트라이크 존을 만들라.

수익은 시장이 내준다. 그러니 내가 '먹을 수 있는 것'에만 집중해야 한다. 그를 위해 나만의 스트라이크 존이 왔을 때, 즉 유리하다고 판단될 때만 매매한다. 기준은 가치, 차트 패턴 등 무엇도 될 수 있다.

워런 버핏은 IT버블이 한창이던 2000년 당시 자신은 기술주를 모르므로 투자하지 않는다는 원칙을 고수해 큰 피해를 피할 수 있었다. 당시 IT는 그만의 스트라이크 존이 아니었다.

② 뛰는 말에 올라타라.

첫째, 6개월간 50% 상승한 A종목과 25% 상승한 B종목, 무엇에 투자할까?

둘째, 3년간 50% 상승한 A종목과 25% 상승한 B종목, 무엇에 투자할까?

추세와 평균회귀에 관한 문제다. 첫째는 A종목, 둘째는 B종목을 택하는 게 바람직하다. 첫째는 추세에 순응하는 전략이고, 둘째는 오버슈팅과 언더슈팅의 성질을 이용하는 전략이다.

③ 예측보다는 대응이 필요하다.

시장은 너무 자주 투자자 생각대로 흘러가지 않는다. 투자자가 시장 변화를 받아들일 때면, 이미 주가는 변하고 난 뒤인 경우가 많다.

그러므로 예측대로 시장이 흘러가지 않을 때 어떻게 대응할지 '시나리오 전략'을 세울 필요가 있다. 계획을 세운다는 것은 스스로 스트라이크 존을 만드는 일이며, 직접 해야 한다. 손해가 발생하면 수정해 가면서 스트라이크 존을 만들어간다.

④ 시장은 늘 다시 기회를 준다.

매매에서 손실을 보았을 때보다, 크게 먹을 수 있었는데 너무 빠른 매도로 좋은 기회를 날렸을 때의 자책감과 심리적 고통이 더 크다고 한다. 하지만 이는 매도 당시에는 몰랐던 사후 감정이다. 두고두고 차트를 보면서 자책해도 비슷한 실수를 반복하게 되는 자신을 발견할 것이다.

그러니 자책하지 말고 시야를 다음 기회로 돌리는 데 집중하자. 실수를 반복하지 않으려고 원칙을 꺾어서는 안 된다. 거기서 진짜 큰 손실이 나올 수 있음을 알고, 자신만의 스트라이크 존을 지켜야 한다.

④ 차트가 의미하는 다양한 내용을 공부하라.

개인투자자가 매매에서 유리한 국면을 만들려면 차트가 만들어지는 과정과 그 의미를 알아야 한다. 즉 차트에 실린 투자자들의 움직임과 심리를 읽으려 노력해야 한다. 이동평균선의 정배열과 역배열, 시세와 이동평균선이 벌어지는 이유와 결과, 파동의 의미 정도만 제대로 이해해도 좋은 기회를 포착하는 데 도움이 된다.

돈을 태우기 전에
쩐의 흐름을 제대로 타는 법을 익히자

초보 투자자라면 소액 매매를 기계적으로 함으로써 감각을 익혀야 한다. 무모하게 큰돈을 벌겠다는 야심은 아직 섣부르다. 초보자가 배워야 하는 것은 '창의력과 유연함'을 발휘할 때는 매매전략을 설계할 때이지, 실제 시장에 참여할 때는 아니라는 점이다. 따라서 사전에 계획을 세우는 방법을 익혀야 한다. 즉 늘 충분히 계획을 세우는 데 익숙해져야 한다.

시장 참여를 정하기 전에 상황(추세)을 판단해야 하는데, 기준은 일봉보다 주봉이 좋다. 주가가 상승장이나 하락장의 중간에 있는지, 마지막 변동성 구간에 있는지 신중히 파악한다.

대박주에 관한 환상을 버리고 현재 시장에서 자금이 몰리는 섹터나 종목에 집중해야 한다. 욕심껏 흘러가는 대로 매매해선 곤란하고, 자신만의 계획을 세우고 심리를 다스리는 법을 익혀야 한다.

BOOK.34
거래량으로 투자하라

《 *Investing with Volume Analysis* 》

버프 도르마이어(Buff Dormeier) 지음 | 신가을 옮김 | 이레미디어

거래량이 실체이고
주가는 그림자일 뿐이다,
거래량 주가확인지표에 근거한
투자 방법론

Why this Book?

#주가의 선행 지표인 거래량 #기술적 분석의 역사와 거래량 분석
#거래량이 담고 있는 수많은 정보 #책 읽듯이 시장을 읽는 법
#추세와 패턴 속 거래량 #현대적 시장과 거래량 데이터

KEY INTRODUCTION

차트보다 거래량에 집중한 분석서

통상 투자자들은 차트의 움직임에 많은 관심을 가지지만, 중요한 내용이 담긴 거래량에 대해서는 상대적으로 관심이 적다. 심지어 거래량은 아예 무시하고 차트만 설명하는 경우가 대부분인 실정이다. 그래서 거래량에 집중해서 분석한 이 책의 가치가 돋보이는 이유다. 저자는 '거래량은 투자자 심리의 거울'이며 이를 이해하면 주가의 향배도 예측할 수 있다고 말한다.

READING POINT

거래량과 주가의 상관관계를 다룬 유일한 책

차트는 주가의 움직임을 실시간으로 나타내며 과거와 현재의 정보를 한눈에 보여준다. 차트는 매매의 타이밍을 잡는 데는 유용하나, 기업가치를 알려주지 못한다. 반면 재무제표는 기업가치를 알려주지만 매매 타이밍에 대한 정보는 빈약하다. 차트와 재무제표는 보완적 관계인 것이다.

  차트 신봉자들은 '차트가 시장의 모든 상황을 반영하며 역사는 반복된다.'라고 유용성을 강조한다. 차트를 설명하는 일반적인 책을 보면 차트 해석이 하나로 명확하게 귀결되는 것처럼 보이지만, 중요한 점은 과거 차트의 모양이 아니라, 이를 통해 미래의 차트 움직임(주가)을 예측해야 하는 것이라서 마치 피카소 그림을 해석하는 것처럼 획일화되지 못하고 투자자들의 생각에 따라 해석이 달라지게 된다. 그렇다면 이러한 점을 극복할 방법은 없을까?

저자는 거래량을 '물리학 법칙'을 이용해 설명한다. 주식(물체)이 특정 속도(가속도/모멘텀)로 일정한 거리(주가 변화)까지 움직이기 위해 어느 정도의 거래량(힘)이 필요한지 알 수 있다면, 주가의 움직임을 분석하는 데 도움이 된다는 것이다. 주가를 움직이는 노력(힘)과 주가 변화(가속도)의 결과로 나타난 거래량(실제 매매의 크기)을 자세히 관찰하면 투자자의 개입 정도를 파악할 수 있게 되는데, 거래량은 인위적으로 만들 수 없는 매우 어려운 것 중 하나이기 때문이다.

거래량을 활용한
다양한 매매 기법을 소개

투자자는 주가가 움직이기 전에 의미 있는 거래량 변화가 있는지 잘 살펴봐야 한다. 주식투자는 타인 집단과의 역학관계로 이루어지며, 여기에는 군중심리가 작동한다. 매매는 사는 사람과 파는 사람 간의 일종의 '눈치게임'과 같다. 서로가 있어야 비로소 합의된 가격에 거래가 이루어지기 때문이다.

눈치게임의 결과가 바로 거래량이다. 거래량을 잘 이해해서 게임 참가자들의 심리와 상황을 잘 파악할 수 있다면, 자신에게 유리한 방향으로 투자를 이끌 수 있게 된다.

추세를 파악해 추종하는 전략은 앞서 소개한 필독서 저자들이 두루 추천하는 방법론이다. 흔히 반대로 알고 있는 이들이 많은데 상승추세는 봉의 하단, 하락추세는 봉의 상단에 직선이 그려서 확인한다. 이러한 추세 추종은 시장의 합의에 동참하는 것이다.

그러나 이미 확인된 추세를 따르는 것은 너무 늦은 게 아닐까? 추세가 언제까지 이어질까? 이것을 확인하는 중요한 단서가 바로 거래량이다. 물론 거래량은 추세를 확인하는 데 그치지 않고 각종 패턴의 차트에서 미래의 주가 움직임을 예측하는 데도 도움이 된다.

책에서는 매우 다양한 매매 기법이 소개되는데, 몇 가지를 소개한다. 추세가 이어지려면 적당한 거래량이 수반되어야 한다. 거래량 증가 대비 추세의 움직임이 감소하면, 조만간 주가는 반대로 움직일 가능성이 있다. 주가를 끌어올리려는 노력(거래량 증가) 대비 힘겨운 주가의 움직임 탓에 반작용이 나타날 가능성이 커진다. 책은 이를 기관이나 차익실현 욕구의 강화 등 다양한 사례를 들어 설명한다.

하락추세에서 주가가 반전(상승)하려면 대량 거래 여부를 확인해야 한다. 그렇다고 대량 거래가 무조건 반전을 의미하는 것은 아니다. 대량 거래 이후 곧바로 주가의 반전이 없으면 오히려 하락추세가 강해지게 된다. 그러므로 정확한 신호를 파악하는 데 주력해야 한다.

주가의 움직임을 파악하기 위해 작은 패턴을 찾는 것도 도움이 된다. 대부분 정형화된 패턴으로 흔히 증권가에서는 '상승깃발형', '쐐기형' 등이 다음 주가 움직임을 정확히 보여준다고 말하지만, 반드시 그런 것은 아니다. 미래 차트는 랜덤이므로 확률적으로 접근해야 한다. 이 책에서 분석하듯이 패턴을 거래량과 더불어 분석하면서 투자자들의 심리를 파악함으로써 주가를 예측할 수 있다.

핵심적인 내용은 책의 앞부분에 농축되어 있으므로, 용어와 개념이 다소 난해하더라도 필요한 지식을 얻는 데 집중하기를 바란다.

BOOK.35

언제 매도할 것인가?

《*The New Sell and Sell Short*》

알렉산더 엘더(Alexander Elder) 지음 | 신가을 옮김 | 이레미디어

이익을 확정 짓는 매도,
주식투자에서
가장 어려운 매도의
모든 기술을 배운다

Why this Book?

#위대한 트레이더의 매매 무기 #매도의 모든 것
#목표가, 손절가, 엔진 잡음 등 매도 결정 흐름도 #공매도와 선물 옵션
#강세장과 약세장의 매도 전략 #공포와 거품의 신호 포착

KEY INTRODUCTION

매매에는 철두철미한 계획이 필요하다

투자를 시작하는 단계에서 가장 궁금한 두 가지가 있다. 첫째, 어떤 주식을 사야 하는가? 둘째, 언제 팔아야 하는가?

   질문을 분석해 보면 매수 시점에는 특정 주식의 '선택'이 중요하고, 매도 단계에서는 '타이밍'을 중요하게 생각하고 있다는 것을 알 수 있다. 그러한 점에서 이 책은 매도와 관련한 다양한 인사이트를 제공한다.

READING POINT

다양한 실전 연습문제로 활용도 높은 책

처음 주식투자를 하면, '어떤 주식'을 '언제 사느냐'가 주요 관심사가 된다. 좋은 주식을 잘 사야 한다는 강박관념이 작용하기 때문이다. 그러나 시간이 흐르면 '언제 팔아' 이익을 챙기거나, 손실을 줄여야 하는지에 대한 현실적인 궁금증이 생기게 된다. 이때 이 책의 표지를 본 투자자라면, 기쁨의 환호성을 외칠 가능성이 매우 높다. 제목이 딱, 그동안 자신이 그토록 찾던 책이라 생각이 들 것이기 때문이다.

이 책은 원론에 충실하면서 현실적인 다양한 매도법을 다룬다. 이 책의 장점 중 하나는 매도를 오로지 기술적 분석으로만 접근하지 않고, 투자자들이 겪게 되는 일반적이면서도 다양한 경우에 매도를 어떻게 할 것인가에 대해 설명하고 있다는 것이다.

되는 대로 매도하지 말고 전략대로 매도하라

투자자들의 흔한 실수는 '때가 되면 매도한다.'라고 생각하는 것이다. 그런데 실전에선 다양한 이유로 매도의 방향감각을 잃어버리고 만다. 그러므로 매수 전에 먼저 자신만의 매도 규칙을 정해야 한다. 책은 다음과 같은 기준을 참고하라고 조언한다.

① 목표가에 매도하기

이익이 났을 경우 적용하는 방식으로, 이동평균선, 엔빌로프 지표Envelopes Indicator, 지지영역과 저항영역, 기타 방식 등이 적용된다. 공통점은 차트를 이용하여 매도 시점을 미리 설정하는 것으로 가치투자자나 차티스트 모두에게 해당이 된다. 가치투자자는 적정가치에 도달하면 매도한다는 막연한 기준을 세우지만, 매매를 조금이라도 해 본 투자자라면 이 전략에 현실성이 떨어진다는 것을 안다. 여기서 말하는 목표가란 주식의 특정 가격이 아니라 '차트가 훼손되면 매도한다는 목표'를 의미함을 이해하자.

매수할 때는 다양한 근거에 입각할 수 있지만, 매도 시점을 잡을 때는 차트의 도움을 받아야 한다. 차트가 매도신호를 보내는데도 주가가 더 오를 것 같다는 느낌이 들 때는 어떻게 해야 할까? 저자는 '이만하면 족하다.'라는 마음으로 매도하라고 권한다. 탐욕으로부터 자유로워져 상황을 통제할 수 있다는 느낌을 받게 되며 매매에서 자유를 얻게 된다.

② 손절가에 매도하기

주식을 매수하는 것이 '결혼'이라면, 손절가를 정하는 일은 '혼전계약서'를 작성하는 것과 같다고 저자는 비유한다. 일이 계획대로 되지 않을 때 고통 자체를 없앨 순 없으나 골치 아픈 다툼과 비용을 줄인다는 점에서 매우 요긴하다. 매수 이전에 손절가를 정해야 하는 이유는 분명하다. 주식을 매수하면 '소유효과 ownership effect'가 발동되어 매도를 머뭇거리게 된다. 그러므로 손절매가 없는 매매는 시스템이라 할 수 없다. 손절매 없이 계속 포지션을 유지하면 마치 치통처럼 계속 신경 쓰이게 만들어 전체 계좌에 영향을 미친다.

손절매에도 몇 가지 원칙이 있다. 첫째, 매매당 리스크를 계산해 감당할 수 있는 손실의 범위를 파악한다. 둘째, 하드 스톱과 소프트 스톱으로 나누어 결정하는데, 하드 스톱이란 반드시 손절매, 소프트 스톱은 유연성을 부여해 매도하는 방법이다. 만약 상황이 바뀌어 매수 이후에 손절 시점을 바꿔야 할 경우, 위로만 옮기는 것만 용인하고 아래로 내리는 것은 안 된다. 주가가 계속 상승해서 그에 따라 손절 시점을 따라 올리는 게 가장 바람직하다.

③ 엔진 잡음에 매도하기

매매 전에 목표가를 설정해야 한다. 하지만 저자는 모든 포지션을 반드시 목표가까지 보유할 필요가 없다고 말한다. 시장이 더 주거나 덜 줄 수 있음을 알고 시장의 소리에 귀를 기울여서 순응해야 한다.

따라서 투자자는 시장이 '덜 줄 가능성'을 알아차리는 순간 매도해야 한다. 그것을 어떻게 파악할 수 있을까? 주가 움직임의 모멘텀이 약화하는 양상, 기업의 실적이나 양태에 변화가 생길 때 등 오로지 경험과 관심을 바탕으로 파악할 수 있다. 따라서 목표가, 손절가에 집착하지 말고 다양한 사유로 매도해야만 하는 상황이 생길 수 있음을 염두에 두어야 한다.

그렇다면 아무 때나 매도해도 될까? 그러면 원칙과 계획이 다 부질없어진다. 엔진 잡음에 매도한다는 것도 일종의 원칙으로 투자자의 장기적인 경험과 공부를 통해 형성되어야 하며, 매매 이후 기록을 통해 점검하고 수정·보완하면서 구체화해야 한다.

공매도를 위한 조언과
매도 잘하기 위한 원칙

책에는 효율적인 공매도를 위한 펀더멘탈과 기술적 분석이 소개되어 있다. 효율적인 공매도를 하려면 펀더멘탈과 기술적 분석을 모두 활용할 줄 알아야 한다. 구체적으로 이 두 가지 모두 같은 방향을 가리킬 때, 즉 펀더멘탈이 약화되었는데 주가가 많이 올랐을 경우에만 공매도를 실행해야 한다. 그렇지 않고, 이들 중 한 가지 근거(주가가 많이 올랐다는 판단)에 의해서만 공매도를 해서는 안 된다. 또 두 신호(buy, sell)가 충돌할 때도 공매도를 해서는 안 된다고 충고한다. 펀더멘탈 분석이 아무리 훌륭해도 기술적 요소가 추인하지 않으면 매매하지 말아야 한다는 것이다.

    매도는 투자자의 수익과 손실폭을 결정하는 핵심 요소다. 매수 전에는 상당한 고민을 할 시간이 주어지지만, 매도는 그렇지 않다. 그래서 더 큰 노력이 필요하다. 매도를 잘하려면 매매 기록을 성실히 남겨야 한다. 저자는 이를 '경험을 성공으로 바꾸는 기록'이라고 표현한다. 매매 기록의 중요성은 거의 모든 필독서 저자들이 강조하는 바이기도 하다.

MENTAL-CARE BOOKS

Chapter 6

주식투자 심리서

_마음을 다스리고 투자에 강해지는 심리 관리서

주식투자에서 맞닥뜨리는 온갖 심리적 고통과 장애물을 극복할 수 있도록 도와주는 책들이다. 투자의 첩경은 결국 마음을 얼마나 잘 다스리느냐에 있다는 것을 많은 경험자들은 실감한다. 물론 여기 소개하는 책들이 단지 심리적인 부분만 다루고 있는 것은 아니다. 투자 노하우와 더불어 자신의 심리를 직면하고 대처하는 법을 알려주는 책들을 만난다.

BOOK.36
소음과 투자

《*Navigate the Noise*》

리처드 번스타인(Richard Bernstein) 지음 | 이건 옮김 | 에프엔미디어

주식시장에 팽배한
각종 소음 속에서
알짜 정보를 뽑아내서
투자하는 법

Why this Book?

#시황 방송부터 당장 꺼라! #12가지 소음 필터링 기법
#수익률 높은 기업 찾아내는 법 #나만의 스타일에 맞는 투자전략
#이익추정치 수명 주기, 위험수용도 측정법 #버블에 빠지지 않는 법

KEY INTRODUCTION
마음 편안한 투자를 위한 기초 가이드

주식 관련 수많은 정보를 다 받아들이고선 투자를 잘하기 어렵다. 알곡과 쭉정이를 구분하는 것은 오롯이 투자자의 몫이다. 물론 이걸 모르는 투자자들은 없다. 하지만 구체적인 실천 방법을 몰라서 시행착오를 겪게 마련이다. 이 책은 투자자가 진짜 도움이 되는 투자 정보를 취하려면 무엇에 주목해야 하는지 설명한다.

READING POINT
순환 장세에서 자기중심과 주도권을 가져라

주식시장과 관련된 정보는 무엇이고 어디서 얻을 수가 있을까? 휴대폰, TV를 켜기만 해도 투자와 관련되어 보이는 다양한 내용들이 실시간으로 넘쳐나고 있다. 그런데도 투자자들은 점점 더 많은 정보를 갈망한다. 많은 내용 중에서 정작 매매에 필요한 핵심 내용을 파악하는 것이 중요한데, 안타깝게도 정보에는 소음과 핵심이 섞여 있다. 이 책은 우리를 둘러싼 수많은 소음에 대해 이야기하고 있다.

 소음의 의미에는 '투자자가 듣고 싶어 하는 것'이라는 것도 포함이 된다. 중요하지만 때로는 너무 평범한 정보는 귓등으로 흘려보

내고, 자극적이고 색다르고 귀를 사로잡는 정보에 귀를 기울인다. 그러나 이들은 대개 소음으로 판명이 난다.

소음은 어떻게, 그리고 왜 투자자를 현혹하는가?

요즈음 주식시장에서 전문투자자와 개인투자자 간의 정보 격차는 사라졌다. 그렇다면 수익률 격차도 사라졌을까? 긍정적인 대답을 하기 어렵다. 오히려 정보의 홍수 속에서 유용한 것을 찾고 이해하는 시간이 길어지면서 '정보의 한계효용'이 감소했다. 그러므로 투자자는 들어오는 모든 정보에서 의미를 찾기보다, 먼저 중요한 과제를 분석한 다음 그에 맞는 정보를 찾는 것으로 순서를 바꿔야 한다.

또한 적시정보timely information가 핵심이라는 생각도 착각이다. 정보의 시의성은 정보의 질과 무관하다. 오히려 통찰력 있는 좋은 정보보다 질 낮은 정보가 더 빨리 만들어진다.

뉴스의 속성 중 하나는 새로워야 한다는 점이다. 그래서 자주 기업 전망을 수정하는 애널리스트가 정확히 1년을 맞추고 가만히 있는 애널리스트보다 더 관심을 받게 되는데, 이는 절대 이로운 현상이 아니다. 만약 기업 전망을 정보라고 한다면, 내용이 자주 바뀌는 행위와 1회 맞추는 행위 안에 섞인 올바른 정보와 소음을 잘 구분해야 한다. 소음에 휩쓸린 사람은 상황이 실제보다 더 빠르게 변화한다고 착각하는 경향이 있다.

소음을 좋은 정보라고 착각한 개인투자자는 직접투자의 유혹에 쉽게 빠지며, 결국 소음을 만든 이들의 도구로 활용된다. 유망종목이라는 정보를 송신하는 이들의 목적이 무엇인지 잘 생각해 보면 알 수 있다.

개인투자자는 어떻게 소음을 극복해야 할까?

투자자는 먼저 '과거의 우수한 수익률'이라는 소음에서 벗어나야 한다. 일례로 1980년대 높은 수익률을 안겨준 MMF가 1990년대 투자자에게는 큰 실망을 안겼다. 소음은 장기투자에 어울리지 않는데, 정보 제공자들은 단기 급등 종목이 마치 장기 보유할 핵심 종목인 것처럼 포장하기 때문이다.

소음은 분산투자에도 도움이 안 된다. 수익률을 높이려고 인기주(기술주) 비중을 높이는 방식으로 시류를 따르다가, 분산이라는 기본 원칙을 망각하게 된다. 인기 업종만 따라다니면서 '제2의 OOO'를 찾다가는 투자의 기본인 자산과 부채 관리에 소홀해지게 되고, 자신의 위험수용도와 전혀 다른 투자 행태(투기)에 다다르게 된다.

소음은 투자자의 시간 지평도 단축하는데, 장기투자를 지향하던 사람이 소음에 휘말려 단기 트레이더처럼 행동하게 된다.

투자 실적을 개선하는
소음 필터링 방법

① 좋은 기업이 아니라 좋은 주식을 찾아라: 좋은 기업은 수익을 줄 만한 근거도 있으며, 투자자들 사이에 공감대가 형성되어 주가의 움직임이 생겨날 요인도 있다. 하지만 투자는 결국 수익을 내기 위한 것이다. 주가가 움직일 결정적인 요소를 가진 주식에 집중해야 한다.

② 독자적인 의견을 제시하는 애널리스트를 찾아라: 탁월한 분석가는 단순 사실만 열거하지 않으며, 지혜롭게 도출한 독자적인 의견을 제시한다. 펀더멘탈 의견과 투자 의견을 구분하고, 가이던스와 무관하게 독자적으로 조사하며, 검증된 건전한 척도를 사용한다. 자기가 담당하는 종목에 함부로 매수 등급을 부여하지 않으며, 설령 비난을 들어도 포기하지 않는다.

③ 스타일 투자로 소음을 극복하라: 성장주/가치주, 단기투자/장기투자, 집중투자/분산투자, 리스크 수용/리스크 회피 등 다양한 투

자 스타일이 존재한다. 자신의 위험수용도나 원칙에 따라 방침을 택하고 성과를 내려면 이를 적절히 유지해야 한다. 소음은 이를 방해하려 끝없이 공격할 것이다. 자신의 스타일을 고수함으로써 소음에서 벗어나도록 노력해야 한다.

투자자를 위한 사전 체크리스트

① 왜 그 종목이 다른 종목보다 낫다고 생각하는가?

② 왜 투자를 고려하게 되었는가?

③ 인기 종목인가 소외 종목인가?

④ 이익추정치 수명주기에서 몇 시 방향에 있는가?

⑤ 기존 포트폴리오와 어울리는가?

⑥ 위험하다고 생각하는가?

⑦ 위험을 평가하는 기준은 무엇인가?

⑧ 좋은 기업인가, 좋은 주식인가?

⑨ 좋은 기업인가, 나쁜 기업인가?

⑩ 좋은 기업에 유리한 시점인가, 나쁜 기업에 유리한 시점인가?

⑪ 남들은 모두 모르는데 당신만 아는 것이 있는가?

⑫ 월요일에 토요일 날씨를 예측하려고 하는가?

BOOK.37

주식투자의 지혜

《炒股的智慧》

천장팅(陳江挺) 지음 | 김재현 외 옮김 | 에프엔미디어

똑똑한 사람이 오히려
주식투자에 실패하는 이유
중국에서 수천만 권 팔린
슈퍼 베스트셀러

Why this Book?

#기술적 분석과 펀더멘탈 신봉 탈피 #임계점을 찾아 매매하는 법
#건전한 투자관과 마음가짐 #투자자를 위한 정보의 정수
#30년에 걸친 투자 경험을 담은 진솔한 일기 #기술이 아닌 지혜

KEY INTRODUCTION

더 좋은 번역으로 공감 가는 투자서

저자는 대만계 미국인이자 성공한 개인투자자이다. 미국 유학을 하면서 식당 종업원부터 항구 노동자까지 온갖 직업을 전전하며 공부했지만, 전업 투자자로 일한 것이 가장 힘들었다고 고백한다. 처음 접했을 때 개인투자자 입장에서 쓴 책이라 너무도 공감하며 단숨에 정독했던 기억이 선명하다. 두 번째 번역본으로 더욱 윤택한 내용을 접할 수 있다.

READING POINT

분투하는 개인투자자들을 위한 응원

투자자들이 특정인을 위대한 투자자로 인정하는 이유는 그들의 매매 방법을 배워서 높은 수익을 내고 싶다는 기본적인 욕망이 있기 때문이다. 그런데 개인투자자들이 간과하고 있는 것 중 하나는 개인투자자와 펀드매니저의 매매법이 동일하지 않다는 점이다.

물론 좋은 기업의 주식을 사고파는 원리는 같지만, 자금을 운용하는 방식이나, 보다 자유롭게 매매할 수 있는 개인투자자의 장점을 잘 살리는 방법 등에 대해서는 한국 투자자들이 의외로 소홀하게 취급하고 있다. 그래서 전문가의 프로필 중 기관 근무 경력을 더 인정해 주는 경향도 있다. 하지만 개인투자자는 달라야 한다.

저자는 개인투자자로서 현실적인 조언과 방법론을 이 책에 가득 담았다. 그 첫 번째는 주식투자는 과학이 아니라는 것이다. 투자에 대한 분석에서 숫자가 동원되지만, 실제 투자는 다양한 이유로 언제나 공식대로 되지 않는다.

각종 투자서를 읽다 보면 시대, 지역, 나이 등등과 상관없이 각각의 투자자들이 공통적인 상황을 겪는 것을 확인하게 되어 큰 위안이 되는 경우가 많다. 책이 주는 효용 가운데 하나는, 비슷한 일을 하는 사람들이 겪고 느끼는 것들이 크게 차이가 나지 않고, 심지어는 나와 똑같은 상황에서 고군분투하고 있다는 것에 위안감을 얻게 된다는 점이다.

주식투자를 대하는
건전한 가치관과 마음가짐

주식투자에는 기술이 필요하고, 이는 오랜 기간 노력해 축적해야 한다. 이 과정이 힘들다고 생각하거나, 게으르고 머리 쓰기 싫으면서 단기간에 부자가 되고 싶다면 주식시장에서 살아남기 힘들다는 점을 분명히 알아야 한다.

주식투자의 기술이 다른 분야와 다른 점은, 기술의 적용이 항상 고정불변이 아니라 상황에 따라 바뀔 수 있다는 것을 이해하는 것이다. 투자는 일종의 '심리 상태'이기 때문에 가슴으로 느끼고 깨달아야 한다. 그러기 위해서는 특별한 방법이 있는 것이 아니라 경험에서 우러난 '감'이 필요한데, 이를 익히기 위해서는 부단한 노력이 필요하다. 투자에서 있어 가장 중요한 심리는 탐욕이고, 이를 제어하기 위해서는 손절매를 익혀야 한다.

　한편, 주식시장에서 살아남기 위해서는 모든 결정을 스스로 할 수 있어야 한다. 진입 시점, 기다림, 매도 등 모든 것은 홀로 결정해야 한다. 그리고 그 결정을 단순히 머리만 굴려서는 안 되고 행동이 뒤따라야 하며, 이를 통해 자신 자금의 운명을 통제할 수 있어야 한다. 이를 실천하지 못하면 주식시장에서 도태되고 만다.

개인투자자가 실패하는 핵심적인 이유

투자의 실패에 초점을 맞춘다면 다양한 이유가 가능하겠지만, 인간의 본성과 심리에 초점을 맞춰서 분석을 하면 이해하기가 쉽다.

① **주식투자는 과학이 아님을 이해하지 못하는 것**

② **인간 본성인 리스크 회피 속성**

③ 일확천금(대박)을 노리는 사람들

④ 자신이 옳다고 생각하는 고집스러운 독선

⑤ 부화뇌동 심리

⑥ 익숙한 것을 선택하는 실수 답습 행동

⑦ 손실 회피 본성과 보상심리

⑧ 우유부단하며 요행을 바라는 마음

투자자라면 자기 안에 이런 모습을 있다는 것을 인정하고 그런 순간을 확인해야 하며, 이를 개선하고 극복하는 방법을 터득해야 한다.

월스트리트에서 배운 뼈아픈 교훈들

① 손절매: 매수가보다 낮은 가격에 매도할 수 없다면 투자를 해서는 안 된다.

② 리스크 분산 : 어느 정도의 리스크를 감당할 수 있는지 알아야 한다. 도박성과 조급함을 가져서는 안 된다.

③ 한꺼번에 많은 종목을 보유하지 말라 : 많은 종목을 보유하면 관리가 안 되므로, 투자자의 실력에 따라 대략 5개에서 10개의 내외의 종목만을 한정해서 보유한다.

④ **헷갈릴 땐 발을 빼라:** 승산이 50% 이상일 때만 매매한다. 아무리 노련한 도박사도 낮은 확률에는 도전하지 않는 법이다.

⑤ **매수가는 잊어라:** 쉽지는 않지만 주가의 움직임을 그대로 봐야 한다. 매수가에 얽매이면 객관적 판단이 어려워진다.

⑥ **잦은 매매를 피하라 :** 기회가 보일 때만 매매하라. 쉬는 것도 투자다.

⑦ **물타기를 하지 말라:** 물타기는 절대 해서는 안 된다. 매수 후 수익이 나지 않았다면 절대 추가 매수하지 않는다.

⑧ **수익이 손실로 변하게 하지 말라:** 이익이 난 종목의 주가가 하락을 시작하면 반드시 원금 이상에서 매도한다.

⑨ **친구 말고 시장을 따라가라:** 친구 따라 하는 매매는 맹인 둘이 길을 가는 것과 같다.

⑩ **매도 시점에서는 주저하지 말라:** 매도 시점에서 나타난 신호를 속임수라고 생각해서는 안 되고, 계획대로 실천을 해야 한다. 반대로 주가가 많이 올랐다는 이유만으로 매도하지 않는다. 즉 너무 싸서 매수하고 너무 비싸서 매도해서는 안 된다.

⑪ **반드시 계획대로 실행하라:** 주식투자에서 절대적으로 맞고 틀린 방법은 없다. 따라서 자신이 감당할 수 있는 범위에서 정한 계획은 반드시 실천해야 한다.

⑫ **특정 주식에 중독되지 말라:** 한 종목을 오래 분석하면 애착을 가지게 되는데, 모든 주식은 객관적으로 판단해야 한다.

⑬ **내 생각은 언제든 틀릴 수 있다.:** 시장의 방향에 대한 생각을 고집하지 말자.

주식투자를 배우는 4가지 단계

① **마구잡이 단계:** 가장 초보적인 시절로 정말 '아무 생각 없이' 주식을 사고파는 단계이다. 초보 개인투자자들의 약 70%가 이 단계를 벗어나지 못하는데, 흔히 좌충우돌하는 전형적인 모습이 다 담겨 있다.

② **탐색 단계:** 적극적인 의지로 공부를 통해 마구잡이 단계를 벗어난 상황이다. 그런데 여전히 손절매는 어렵게 느껴지게 된다. 지속적인 수익 창출을 위한 다양한 시도를 계속하게 된다.

③ **리스크 체험 단계:** 나만의 방법을 발전시키는 과정에서 큰 리스크를 체험하게 된다. 그런데 이는 마구잡이 단계와 다르게 강한 심리적인 압박감으로 다가오게 된다. 이때 자신의 매매를 리뷰해 보면, 공부한 것을 실천하는 과정에서 틈새를 발견하게 된다.

④ **지속적인 수익 단계:** 다양한 경험을 바탕으로 안정적인 수익 단계에 도달한 상황이다. 이때는 입체적으로 합리적인 사고가 가능해지게 된다.

이 책에는 투자자가 주식시장에서 겪는 다양한 상황과 극복법이 매우 구체적으로 나와 있다. 차트에 대한 설명도 빠뜨리지 않는데, 개인투자자를 위한 거의 모든 노하우가 제시된다고 보아도 좋다.

BOOK.38
주식의 신 100 법칙

《株の鬼100則》

이시이 카츠토시(石井勝利) 지음 | 오시연 옮김 | 지상사

우연이 아닌 실력으로
성공하도록 도와주는
투자자가 알아야 할
시장의 법칙 100가지

Why this Book?

#철학이 있는 개인투자자 #이기는 투자의 100가지 철칙
#저점 확인 기술, 실적 등 숫자 보는 법 #새로운 시장의 흐름
#주식투자에 패배하는 9가지 이유 #실전으로 검증된 투자 마인드

KEY INTRODUCTION
일본 특유의 실용성이 돋보이는 책

현업의 노하우를 담은 실용서가 발달한 일본 서적 특유의 장점이 있는 책이다. 초보들이 실전투자를 거듭하면서 맞닥뜨리는 상황에 대한 대응법을 현실적으로 알려준다. 다양한 이론을 열심히 공부한 투자자일수록 예상치 못한 상황에 더욱 당황하게 되는데, 배운 대로 해도 결과가 나아지지 않거나 속 시원한 해답을 찾지 못해 주식시장에 대한 비아냥 담긴 불평만 하게 된다(국장은 원래 그래!). 우리와 크게 다르지 않은 일본 시장의 현실에 맞춘 이 책이 그런 이들에게 유용하다.

READING POINT
교과서가 먹히지 않을 때 대처법

주식시장에서 다양한 당혹감을 맛본 투자자라면 100% 공감할 만한 내용이 가득하며, 친절한 과외 선생님처럼 난감한 상황에 대처하는 법을 알려준다.

　많은 투자자가 금과옥조로 삼는 워런 버핏, 피터 린치, 존 보글 등 투자의 멘토가 말하는 이론이 통하지 않을 때 어떻게 해야 할까? 경제구조도 마찬가지고 미국과 중국 같은 강국 사이에 끼어 눈치를 볼 수밖에 없고, 외국인이나 기관이라는 큰손에 휘둘릴 수밖에 없는 우리의 투자 환경과 비슷한 일본의 사례라서 현실성이 있다.

실적이 좋은 기업이 왜 주가는 오르지 않을까?

투자자들이 배운 이론에 따르면 기업 실적이 좋아지게 되면 해당 기업의 주가는 올라야 한다. 그런데 의외로 경험 많은 투자자는 반드시 그렇지 않다는 것을 알지만, 오히려 실전 경험이 부족한 투자자일수록 실적과 주가는 반드시 동행을 한다고 생각한다. 그렇게 배웠기 때문이다. 하지만 현실은 그렇지 않기 때문에 당황하게 된다.

투자자가 실전투자에서 알아야 할 것은 주가를 움직이는 것은 기업의 실적 자체가 아니라 '재료의 크기'라는 점이다. 물론 기업의 실적은 주가를 움직이는 중요한 재료이지만 시장이 원하는 '꿈'과는 좀 거리가 있다. 주가는 '깜짝 놀랄 정도의 재료'가 나왔을 때 크게 변동한다.

한편, 기업의 실적이 좋은데도 오히려 주가가 하락하는 경우는 '재료가 선반영'된 경우이다. 이 역시 주식시장이 가지는 독특한 속성임을 이해해야 한다.

아름다운 미인이 아니라
개성 있는 미인에게 표가 모이는 이유

노벨 경제학상 수상자이자 투자자 존 메이너드 케인즈John Maynard Keynes의 '주식시장은 미인대회' 비유는 유명하다. 이 말을 시대의 변화에 맞춰 이해하는 고민을 해 보자.

기술과 정보가 빠르게 변화하는 시대에 '보기 좋은 종목=주가 상승 종목' 등식이 점점 통하지 않고 있다. 토요타, 소니 등 누구나 인정하는 미인 기업 투자에서 큰 수익을 내지 못하고 있다.

따라서 투자자는 이제 누구나 손꼽는 미인이 아니라, 일반인에게 알려지지 않았지만 '대단한 일'을 벌일 가능성 있는 개성 있는 미인을 찾아야 한다. 이러한 기업이 때로는 안정적으로 보이지는 않을 수도 있지만, 투자자의 돈을 잘 활용하여 전망 좋은 일을 하고 있는 특징을 가지고 있다(2024년 한국의 경우 AI 모멘텀으로 SK하이닉스가 주목을 받아 주가가 상승함에 따라 좋은 기술력과 실적을 가진 반도체 소부장 업체들의 주가 상승폭도 컸다).

또한 주식투자에서 중요한 것은 '변화율'이다. 긍정적인 변화율이 클수록 주가 여기 크게 반응한다. 매출이나 영업이익의 증가도 변화율(폭)이 커야 효과가 있다.

폭락했을 때가
절호의 매수 기회인 이유

투자에서 가장 좋은 시점은 언제일까? 투자자는 흔히 '틀림없이 수익이 난다.' 하는 확신이 드는 시점이라고 생각한다. 그러나 가장 훌륭한 매수 시점은 주식시장 전체가 무너졌을 때 오는 '매수 기회'임을 알아야 한다. 예를 들어 정치적 이유 같은 외생 변수로 주가가 급락하는 경우이다.

주식시장에선 주가가 눈사태처럼 무너지는 때가 주기적으로 생긴다. 이때 지나침 뒤에는 회복을 위한 반등을 하게 되고, 따라서 매수의 기회가 된다. 이는 '대 바겐세일' 시점으로 워런 버핏이 강조한 '좋은 주식을 싸게 사라.'라는 원칙과 벤저민 그레이엄이 말한 '우울증에 걸린 미스터 마켓', 앙드레 코스톨라니의 '산책하는 강아지 비유' 및 안전마진 개념과도 일맥상통한다.

목표주가는 거짓,
증권사가 만든 허상에 불과하다

목표주가가 발표된 이후 주가가 하락하는 경우가 있다. 그 이유는 주식 보유자가 수익을 실현하기 가장 좋은 시점으로 호재가 나오거나 다소 높은 목표주가가 발표되는 때로 인식하기 때문이다.

목표주가란 증권사가 내놓은 '이론적 수치'에 불과하다. 따라서 목표주가까지 오르기를 오매불망 기다리거나, 목표주가보다 현재가가 낮으니 싸다고 여겨서 매수하는 것은 금물이다.

한편 목표주가 뿐만 아니라 긍정적인 재료로 상승하던 주식도 재료의 '약발이 떨어지는 때'가 반드시 온다. 영원히 오르는 주식은 존재하지 않는다. 따라서 어느 시점에 도달하면 주가는 방향을 바꾸는 변곡점이 생기게 되는데, 이는 이익을 실현하려는 매도세가 강하게 나오는 시점이다. 때에 따라서 매도세 이후 다시 매수세가 들어 오기도 하지만, 고점에서 들어간 투자자는 오랫동안 어려운 시간을 보내야 한다는 걸 알아야 한다.

주가를 끌고 가는
선물시장의 흐름을 관찰하라

한국과 마찬가지로 일본도 파생시장의 움직임에 따른 변동성이 매우 심하다. 이것이 미국 시장과 다른 대표적인 현상인데, 이런 메커니즘을 이해하고 투자에 적용해야 한다.

파생시장을 움직이는 재료는 수없이 많다. 환율, 미국이나 중국의 경기와 주가, 유명 정치인의 발언 등 모든 것이 영향을 준다. 이런 소재를 활용해 재빠른 프로그램 매매가 이루어지고 그 결과 또한 시장의 변동성으로 나타나게 된다.

해외시장의 주가 흐름을 파악해서 오전장에 대비하라

한국처럼 일본도 전날 뉴욕시장의 동향이, 장이 열리자마자 형성되는 시초가를 좌우지한다. 일본(한국)경제가 미국과 연동하여 움직이기 때문이다. 거래소에 상장된 기업 지분 상당액이 외국인 자금이라는 것도 큰 변수다. 따라서 이들의 의향을 파악하지 못하면 주가의 움직임을 이해하지 못하게 된다. 요즘에는 중국 상하이 시장도 염두에 두어야 하는데, 세계 2위 경제대국인 중국의 시세를 대표하기 때문이다.

일본은 외국인의 주식 보유비율은 30%지만, 매매대금의 60%, 선물시장의 70~80%를 차지한다. 한국도 크게 다르지 않다. 그러니 주식시장은 외국인이 움직인다고 해도 과언이 아니다. 따라서 국내에서 일어나는 작은 일만 생각하는 것은 큰 의미를 갖기 어렵다.

'외국인은 무엇을 기준으로 생각하고 어떻게 느끼는가?' 하는 관점이 없으면 주가 움직임을 예측할 수 없는 시대인 것이다.

BOOK.39
데이비드 드레먼의 역발상 투자

《Contrarian Investment Strategies》

데이비드 드레먼(David Dreman) 지음 | 신가을 옮김 | 이레미디어

버블과 패닉,
높은 변동성에서도 이익을 얻는 법,
1980년 초판 이래
투자심리의 고전이 된 책

Why this Book?

\#예측 중독과 과잉반응에 빠진 주식시장 #투자계의 요다
\#인간 심리의 특성과 이를 뒤집은 발상의 전환 #반대로 가기
\#인기 없는 주식, 고배당 주식, 업종 저가 주식 #광기와 집착을 넘어서

KEY INTRODUCTION

이제는 익숙해진 역발상 투자의 교과서

역발상 투자란 일반적인 투자자의 생각이나 행동과 전혀 다른 관점으로 투자하는 것을 말한다. 그럼으로써 상대적으로 유리한 수익률을 달성할 수 있는 우수한 투자법으로 인식되어 있다. 번번이 시장의 흐름을 좇다가 실패한 경험이 큰 투자자일수록, 역발상 투자라는 발상은 더욱 설득력 있게 다가온다.

READING POINT

대중을 움직이는 심리를 이해하는 법

안타깝게도 많은 투자자가 역발상 투자에 대해 오해하고 있다. 막연히 시장을 거스르는 것쯤으로 받아들여선 곤란하다. 이 책은 진정한 역발상 투자법이 무엇인지 잘 설명하고 있으므로, 두껍기는 하지만 반드시 읽어야 할 고전이다.

역발상 투자는 '인간 심리가 완벽하지 않다.'라는 전제에서 출발한다. '주식시장은 효율적으로 움직인다.'라는 가설 역시 참이 아니다. 이는 매우 중요한 발상의 전환으로 불완전한 인간의 감정이 시시각각 변화함에 따라 의사결정도 뒤바뀌는데, 이를 알아차리는 방법이 바로 '역발상'이라는 것이다. 현명한 판단을 하지 못하는 대중과 달리 사고하면 수익을 낼 수 있다는 의미다. 벤저민 그레이엄이 주식시장을 조울증 환자로 비유한 내용을, 여기서는 다른 투자자들로 바꿔서 보면 이해가 쉽게 된다.

시장에 팽배한
대중들의 잘못된 심리

시장을 움직이는 심리는 개인투자자든 애널리스트나 펀드매니저 등 고강도의 훈련을 받은 금융 전문가든 예외 없이 영향을 받게 되며, 버블 같은 극단적인 상황에서 극명하게 드러난다.

① 근거 없는 낙관이 만들어내는 버블

주식시장에서 버블은 가끔 등장하는 '시장이 정상을 벗어난 상태'가 아니다. 버블은 주가 움직임에 항상 내재하는 중요한 요소다. 버블은 시장의 과잉반응을 급격히 증폭시키고, 투자자의 이익을 해치는 방향으로 계속해서 움직인다. 주가가 오를 때 투자자는 하늘을 날 것 같지만, 마지막에는 끔찍하게 끝난다. 안타깝게도 버블이 터지고 나면 시장은 잘못을 깨닫고 평정을 찾지만, 이미 투자자는 손해를 보고 난 뒤라는 걸 잊어서는 안 된다.

② 끝없는 예측들, 그리고 막연한 과신

투자는 미래 예측에 의존할 수밖에 없다. 그러나 예측은 현재를 바탕으로 이루어진다. 자연히 미래 예측은 주관적으로 흐르게 되며, 인간의 다양한 심리가 개입해 급격한 쏠림 현상을 만들 가능성이 커진다. 또한 예측에는 자기 과신도 개입한다.

때로 애널리스트들의 낙관적인 예측은 투자에서 심각한 문제를 만들어낸다. 기술 발전에 대한 장밋빛 전망이나 기업의 수익에 대한 낙관적 예측은 실제 현실과는 다른 경우가 많다. 따라서 예측을 맹신하는 태도는 위험하다.

역발상 투자란 무엇이며, 어떻게 적용해야 하는가?

투자자들은 전문가가 추천하는 주식을 별 의심 없이 산다. 그런데 데이터를 추적해 보면 상당수가 어닝 서프라이즈earning surprise가 발생했는데도 주가가 하락했음을 알 수 있다. 반면 아무도 좋아하지 않은 주식은 일관되게 서프라이즈 수혜를 입었다. 왜 이런 일이 생길까?

원인은 두 가지다. 첫째, 낙관적인 전망이 이미 주가에 선반영되었다. 둘째, 시장의 견해와는 '다른' 긍정적인 내용만이 투자에서 효력을 발휘한다. 다시 말해 낙관적 예측이 팽배한 종목을 고르는 것은 투자에 별로 도움이 되지 않는다. 역발상이 필요한 이유다.

미래의 주가 움직임이 긍정적일 것이라는 투자자들의 생각(희망, 기대)에 따라서 투자가 시작된다. 그렇다면 이런 생각은 어떻게 만들어질까?

애널리스트 및 기업의 긍정적인 전망, 대중의 선호, 투자자의 희망사항, 과거 수익률 우수, 시장을 예측하는 각종 분석 기법, 신사업의 전개, 각종 분석지표의 과열 등이 켜켜이 쌓여 투자자의 생각을 긍정적으로 바꾼다. 그런데 들여다보면 이들은 하나같이 주관적인 평가임을 알 수 있다. 분석이나 해석도 모두 주관적이다. 그러므로 생각은 영속될 수 없다는 한계를 지닌다.

지혜로운 투자자라면 평소에는 다른 투자자와 동행한다. 시장의 추세가 주가의 흐름을 만들기 때문이다. 그러나 주관적 심리가 양극단을 형성하는 시기에는 반드시 '역발상'을 해야 한다. 역발상은 흔히 생각하듯 항상 대중과 다르게 생각하라는 조언이 아니다.

역발상 전략으로 해결되지 않는 난제도 있다. 특정 주식에 진입하는 시점이나 거래를 청산하는 시점까지 결정해 주지는 못한다. 역발상 전략은 남들이 보지 못한 주식을 장기 보유함으로써 상대적으로 높은 수익을 내는 방법에 주목한다.

BOOK.40
살려주식시오

박종석 지음 | 위즈덤하우스

주식 중독에 빠진
정신과 의사가
좌절 끝에 찾아낸
주식투자에서 이기는 심리의 법칙

Why this Book?

#흔들리지 않는 투자 멘탈 #심리전문가마저 당한 경험담
#실패하는 심리 vs. 성공하는 심리 #투자자별 심리 유형
#초보 주식투자자의 마음가짐 #처절하고 현실적인 기록

KEY INTRODUCTION
투자 멘탈과 심리를 단단하게 잡아주는 책

저자는 현직 정신의학과 의사이자 꾸준히 주식투자를 해온 투자자다. 그런데도 저자는 '투자에 불필요한 심리를 극복하는 것'이 얼마나 어려운지 몰랐다고 한다. 경험과 더불어 중독 전문가로 일하면서 연구한 것, 인간이라면 품게 마련인 심리적인 불안정성 등에 대한 풍부한 사례를 담아 이 책을 썼다.

주식과 관련된 심리 문제는 정신의학을 전공한 의사 출신 투자자에게도 동일하게 대두되는 문제가 된다. 러시아 출신 정신과 의사이면서 미국의 주식투자자인 알렉산더 엘더 역시 심리가 투자를 방해할 수 있다는 사실을 경험한 뒤 이를 극복하는 방안을 다룬 《심리투자의 법칙》을 냈다. 엘더의 책이 다소 기본적인 내용을 다루고 있다면, 이 책은 대다수 개인투자자들이 실전에서 느끼는 다양한 내용을 현실감 있게 다루면서, 이를 관리하고 극복하는 구체적인 방법을 알려주고 있다는 데 차이점이 있다.

엘더와 저자는 몇 가지 공통점이 있는데, 둘 다 정신의학을 전공했다는 것 말고도 호기 있게 도전한 주식시장에서 초반에 큰 손실을 맛봤다는 것이다. 이때 투자 손실의 원인 중 하나인 '제어하지 못한 심리'에 집중했고, 자신들이 가진 전문지식을 통해서 이를 극복했다는 점에서도 비슷하다.

READING POINT

주식투자를 위한 '4개의 튼튼한 기둥'

평소 나는 강의를 할 때, 균형 있는 투자를 위해서는 반드시 '4개의 기둥'을 튼튼하게 세워야 한다고 강조해 왔다. 그 4가지는 '기본적 분석', '기술적 분석', '계좌 관리', '심리 관리'다. 분석의 중요성은 공감하겠지만, 계좌와 심리 관리는 좀 생소하게 느껴질 것이다. 하지만 실전 매매를 어느 정도 해 본 투자자라면, 주식투자는 좋은 기업을 적절한 시점에 사려고 노력하는 것과 더불어, 본인의 계좌를 잘 관리해야 하고, 매매를 방해하는 심리를 적절하게 통제하는 법을 공부해야 한다는 점을 깨닫게 된다.

이 책은 투자자가 흔히 겪는 심리 상태를 어떻게 인지하고 관리하는지 중점적으로 다룬다. 심리가 얼마나 투자에 방해가 되는지 스스로 절감한 다음 그것을 극복하는 방안을 제시하고 있는 것이다.

투자자들이 맞닥뜨리는 10가지 인지적 오류

① **임의적 추론:** 최근까지 떨어졌으니까, 이제 오를 일만 남았다.
② **의미확대(의미축소):** 나는 주식의 신이다.

③ **선택적 추상화:** 이 종목은 누가 뭐래도 무조건 오른다.

④ **과잉 일반화:** 예전에 그랬으니까, 이번에도 그럴 것이다.

⑤ **이분법적 사고:** 주식투자는 어차피 대박 아니면 쪽박이다.

⑥ **재앙화/파국화:** 국장(國場)은 안 된다, 우리는 망한다.

⑦ **개인화:** 내가 사기만 하면 꼭 떨어진다.

⑧ **정서적 추론:** 요즘 하는 일마다 잘 풀리는 걸 보니, 이번엔 무조건 된다.

⑨ **긍정 격하:** 처음이라 운이 좋았던 것뿐이다.

⑩ **잘못된 명명:** 어떤 특정 상황에 대해 특정 이름(마이너스의 손 등)을 붙이는 것이다.

이는 모두 어느 정도 경험했던 상황이며, 직관적으로 이해할 만한 현상이다. 또한 잘 알지만 고치기 힘든 심리적 오류다. 하지만 상황을 이렇게 정리하면 자신의 문제를 발견하는 데 도움을 얻을 수 있다.

처절한 실패를 통해서 배운 투자의 교훈

관성의 법칙은 물리학이나 인간의 행동에도 같이 나타난다. 주식 시장의 매매에 이 법칙이 적용되면 끔찍한 결과가 도출되는데, 바로 '실수를 반복하는 것'이다.

투자자는 자기가 공부를 게을리하고 무리해서 손실이 난 것을 안다. 하지만 고치려는 노력은 웬만해서 적극적으로 하지 않는다. 관성의 법칙이 작용하기 때문이다. 실수를 반복하지 않으려고 모니터에 다짐을 적어 붙여도 소용이 없다. 안타깝게도 극단적인 손실을 경험한 후에야, 바뀌어야 한다는 생각이 비로소 행동으로 옮겨진다. 그러므로 자신이 처절한 실패를 겪기 전에 타인의 경험으로부터 배우는 현명함이 필요하다.

투자에서 성공하려면
심리를 내 편으로 만들라

주식시장은 급변하는 성질을 가지고 있고, 이는 나의 매매 방법이나 공부 여하와는 상관이 없다. 따라서 문제를 나의 매매 행태에서 찾으면 곤란하다. '내가 사면 빠지고 내가 팔면 오른다.' 혹은 '절대 사지 말아야지 결심하면 그 주식은 계속 오르고 절대 팔지 않겠다고 결심한 주식은 계속 떨어진다.' 같은 현상이다. 이때 심리적 고통이 크게 오게 된다. 이는 객관적인 상황을 주관화하는 오류에 빠지는 것으로 언제든 시장 상황을 객관화하여 냉정하게 볼 필요가 있다.

더불어 심리적 관성의 법칙에서 벗어나기 위한 노력을 지속적으로 해야 한다. 객관화 과정을 통해서 자신의 실수와 잘못된 점을 고치려고 의식적으로 노력하는 것이다.

수익률을 끌어올리는 5가지 투자심리의 원칙

① 팔고 나서 올라도 절대 후회하지 않는다: 자책은 우울증만 유발할 뿐이다. 타임머신을 타고 과거로 돌아갈 수 없으니, 현실을 인정해야 한다. 정말 후회스럽다면 앞으로 동일한 상황에서 올바른 판단을 내릴 방법이 무엇인지 찾아서 자신의 매매 방법으로 만드는 노력을 하자.

② 차트를 통해 기본적인 사항을 확인하자: 봉, 이동평균선, 거래량 등을 관찰함으로써 주가의 중요한 움직임을 체크한다.

③ 간단한 리스크 분석을 꼭 하자: 거래량 분석, 외국인 동향, 동시호가 시간 움직임 등 기본적인 내용을 객관적으로 파악하는 노력을 기울인다.

④ 손절에 능해야 한다: 경험 많은 투자자라면 공통으로 하는 말임을 명심하자. 그만큼 어렵다. 자신이 손절에 어떻게 적응해야 하는지 고민해야 한다.

⑤ **확증편향과 자기과신에서 벗어나야 한다:** 주식투자를 망치는 대표적인 심리현상으로 이를 벗어나기 위한 의식적인 노력이 필요하다.

주식 중독 자가진단 테스트

책의 296페이지에는 자가진단 테스트가 나와 있다. 여기 몇 개의 항목을 소개한다. 전체 항목은 14개이며, 11개 이상이면 아주 심각한 주식 중독으로 상담을 필요로 한다.

- [ ] 주식투자를 하느라 직장에서 근태에 대한 지적을 받은 적 있다.
- [ ] 주식투자를 위해 친구나 가족에게 돈을 빌린 적이 있다.
- [ ] 선물옵션이나 2배 이상의 레버리지 상품에 투자한다.
- [ ] 단타매매를 주로 하고 변동성이 큰 고위험 종목을 골라 투자한다.
- [ ] 주식투자를 시작한 뒤 불면증이나 불안증세가 생겼다.
- [ ] 주식 프로그램을 지웠다 다시 깔기를 반복한다.
- [ ] 월요일 장이 불안해서 주말에도 마음이 편하지 않다.

주식투자 필독서 40

초판 1쇄 발행 2025년 6월 30일
초판 3쇄 발행 2025년 8월 11일

지은이 차영주
펴낸이 정덕식, 김재현
펴낸곳 (주)센시오

출판등록 2009년 10월 14일 제300-2009-126호
주소 서울특별시 마포구 성암로 189, 1707-2호
전화 02·734·0981
팩스 02·333·0081
메일 sensio@sensiobook.com

책임 편집 이은정
디자인 Design IF
경영지원 임효순

ISBN 979·11·6657·200·5 (03320)

이 책은 저작권법에 따라 보호받는 저작물이므로 무단 전재와 복제를 금지하며,
이 책 내용의 전부 또는 일부를 이용하려면 반드시 저작권자와 (주)센시오의 서면동의를 받아야 합니다.

잘못된 책은 구입하신 곳에서 바꾸어드립니다.

소중한 원고를 기다립니다. sensio@sensiobook.com